百川汇南粤
海上丝绸之路对岭南文化的影响

丛书主编：白晓霞

高校主题出版

2016年广东省重点出版物孵化扶持项目

百川汇南粤
海上丝绸之路对岭南文化的影响

医学篇

陈小卡 ◎ 编著

中山大学出版社

· 广州 ·

版权所有　翻印必究

图书在版编目（CIP）数据

百川汇南粤：海上丝绸之路对岭南文化的影响．医学篇/陈小卡编著．—广州：中山大学出版社，2017.12

（百川汇南粤：海上丝绸之路对岭南文化的影响丛书/白晓霞主编）
ISBN 978-7-306-06272-7

Ⅰ.①百… Ⅱ.①陈… Ⅲ.①海上运输—丝绸之路—影响—地方文化—文化研究—广东②医学史—研究—广东 Ⅳ.①K203 ②G127.65 ③R-092

中国版本图书馆 CIP 数据核字（2017）第 315610 号

出 版 人： 徐　劲
策划编辑： 吕肖剑　王延红
责任编辑： 周明恩
封面设计： 林绵华
责任校对： 罗雪梅
责任技编： 何雅涛
出版发行： 中山大学出版社
电　　话： 编辑部 020-84111946，84113349，84111997，84110779
　　　　　　发行部 020-84111998，84111981，84111160
地　　址： 广州市新港西路 135 号
邮　　编： 510275　　　　**传　真：** 020-84036565
网　　址： http://www.zsup.com.cn　　E-mail:zdcbs@mail.sysu.edu.cn
印 刷 者： 广州家联印刷有限公司
规　　格： 787mm×1092mm　1/16　13 印张　233 千字
版次印次： 2017 年 12 月第 1 版　2017 年 12 月第 1 次印刷
定　　价： 48.00 元

如发现本书因印装质量影响阅读，请与出版社发行部联系调换

丛书序

中西文明的交流与碰撞自古以来连绵不断，对世界文明产生了重要的影响。在漫长的岁月之中，中西方人民通过不同的方式进行相互交流与学习，其中一次跨越年代长、范围广且甚为重要的中西交流，就是著名的丝绸之路。

从汉代开始，中国人就开通了从广东到印度去的航道。宋代以后，随着南方的进一步开发和经济重心的南移，从广州、泉州、杭州等地出发，经今东南亚、斯里兰卡、印度等地，抵达红海、地中海和非洲东海岸。人们把这些海上贸易往来的各条航线，通称为"海上丝绸之路"。这个名称，最早由德国地理学家李希霍芬（Richthofen）1877年在《中国亲程旅行记》一书中提出。

海上丝绸之路跨越两千多年，中西方物质文明交流频繁兴盛，到元代，海上丝绸之路已经远远超越了商业的范畴，成为东西全方位交流的大动脉，是中国古代对外贸易和海上交通的重要通道。

岭南介于山海之间，北枕五岭，南临南海。南海则是海上丝绸之路的咽喉。特殊的地理区位，使岭南成为海上丝绸之路的始发地之一以及中国古代对外贸易的核心区域。

岭南与海上丝绸之路沿途各国的文化交流，从未间断，来自异域的文化养分，与岭南本土文化交织碰撞，中原文化以及各地文化对其浸润影响，形成了独具特色的岭南文化。海洋性、兼容性以及开放性成为岭南文化的特性。

文化的交流是双向的。中国奉献给西方世界以精美实用的丝绸，欧亚各国人民也同样回报了中国。通过海上丝绸之路，西域的苜蓿、葡萄与乐舞、

杂技，罗马的玻璃器，西亚、中亚的音乐、舞蹈、饮食、服饰等传入中国。

广州及岭南地区是外来佛法东渐的第一站，是外来宗教经海路的"西来初地"，多种宗教文化融汇于此，对岭南文化和社会产生深远的影响。海上丝绸之路独特的地理流动所带来的宗教与文化的冲撞与融合，为早期岭南文化艺术的发展提供了得天独厚的历史机遇。19世纪末叶以来，岭南地区的经济发展更是推动了文化的兴盛，建筑、艺术、宗教、戏剧、音乐、文学、绘画、工艺、饮食、园林、风俗等各个领域，贯穿着开放、兼容的观念。如广东的骑楼，早已跳出建筑学的范畴，成为东西文化交流史上的一个经典符号。

伴随着近代西方科学文化知识的传入，广东成为中国近代工业和革命的策源地。同时，在广州、澳门等地聚集的形形色色的商人、传教士、旅行家等，通过书信向国内介绍"中国印象"，将中国经典古籍翻译介绍至西方，推动了欧美的汉学研究，为西方了解中国打开了一扇窗。

岭南在海上丝绸之路文化交流的天时与地利，沟通东方与西方，融汇中学与西学，可谓得风气之先。中西交流不断为岭南文化注入新鲜血液，为岭南、为广东的发展注入了活力，形成了开放兼容、敢于冒险、富于创新等文化精神，在中国地域文化中独树一帜，又将这些文化精神辐射到全国。

近代以来，岭南的商帮在与西方的商贸往来中，促进了洋务人才的成长，为近代中国培养了大批洋务人才，岭南成为洋务运动的发祥地之一，开启了古老中国的近代化序幕。近代民主革命风起云涌，岭南人中之翘楚如康有为、梁启超及孙中山，执改良与革命之牛耳，推翻封建帝制，建立了亚洲第一个共和国。

进入20世纪，海洋文明浸润的岭南，再次领潮争先，成为改革开放的先行地，创造了一系列经济奇迹，并且孕育了改革开放时代的文化精神。广交会，也已成为海上丝绸之路新的里程碑。

海上丝绸之路从最初的商业交往通道，发展成为政治、文化、军事、科技和艺术等方面交流的渠道，更是一座连接东西方文明的友谊桥梁，把世界上众多国家和地区紧密联系在一起，促进了各国间的友好交往。

2013年10月3日，国家主席习近平在印度尼西亚国会发表重要演讲时明确提出，中国致力于加强同东盟国家的互联互通建设，愿同东盟国家发展好海洋合作伙伴关系，共同建设21世纪"海上丝绸之路"。而21世纪海上丝绸之路将给中国、给世界带来什么样的成就与辉煌，万众瞩目，万众期待！

此为我们出版《百川汇南粤——海上丝绸之路对岭南文化的影响》之主旨也。

白晓霞

2017年10月于广州天河

目录 CONTENTS

绪 言 1

第一章　西方医学经南海海上丝绸之路传入中国概述 3

第一节　西方医学传入中国初源 5

第二节　西方文明崛起时代至近代前夜西方医学经海上丝绸之路由岭南入华 6

　一、西方基督教文明崛起与西方医学经海上丝绸之路向中国的传播 6

　二、西方医学经海上丝绸之路由澳门、广州等地传入中国内地的概况 8

　三、葡萄牙传教士在澳门行医传教 11

　四、西医由以岭南为主要地域的中国沿海向内地传播 15

　五、新教传教士的行医传教活动 17

第三节　从岭南到全国——近代西方医学大规模传入中国 19

　一、近代西方医学大规模传入中国的原因 19

　二、近代西方医学从广东到全国的传播 20

第二章 发端于南海海上丝绸之路起点广州的中国近代西医 23

第一节 中国近代西医发端于岭南的原因 25
一、广州外贸港的地理条件 25
二、历史及政治原因 25
三、岭南历史人文地理原因 26
四、引入西方医学的经济基础 27
五、近代中西方科学文化发展差距造成的中西医学发展的巨大反差 33
六、西方传教士在中国传播西方医学中的作用 33

第二节 近代西医在广州发端传播概况 35
一、西方医术的传入与推广 35
二、博济医院的创立与发展 36
三、传授西方医学科学技术 37
四、开办西医校及编译出版西医教材著作 38
五、鸦片战争至民国在广东建立的主要医院 38
六、晚清至民国的广东高等西医教育的兴起 50

第三节 广东及中国近代西医的发端 54
一、广东及中国近代西医的开端 54
二、中国医学教育从传统到现代的变革 77
三、夏葛女医学校 89
四、岭南大学医学院 104
五、广东光华医学院 106
六、中山大学医学院 138
七、早期医学院校的教学方式与办学模式对中国近现代医学教学模式的影响 151

第四节　近代西方医学传入广东后的延续特征　　**152**

第三章　广东近现代公共卫生事业的开端与发展　　**157**

第一节　广东公共卫生事业的发展　　**158**
　　一、博济医院开启的广东公共卫生事业　　**158**
　　二、医科院校推动了广东公共卫生事业的发展　　**161**
第二节　以广州为中心开展的广东公共卫生事业　　**163**
　　一、卫生行政管理　　**163**
　　二、公共卫生管理　　**163**
第三节　引进现代公共卫生管理模式防治烈性传染病　　**170**
第四节　出入境卫生检疫　　**171**
第五节　民国时期广东公共卫生事业机构　　**173**
　　一、省级公共卫生事业机构　　**173**
　　二、县级公共卫生事业机构　　**175**

第四章　建于广东的医学卫生团体与卫生管理机构　　**181**

第一节　医学卫生团体　　**183**
　　一、中国医药传道会　　**183**
　　二、中国博医会　　**184**
　　三、中华医学会广东支会　　**184**
第二节　卫生管理机构　　**185**
　　一、省级卫生行政机构　　**185**
　　二、市级卫生行政机构及卫生区署　　**185**
　　三、县与区乡镇卫生行政机构　　**185**

第五章　首建于广东的近代中国西药企业　187

第一节　近现代广东西药企业之兴衰　188
第二节　广东早期的西药房　189
　　一、屈臣氏大药房　189
　　二、泰安大药房　189
第三节　广东早期的西药厂　190
　　一、梁培基药厂　190
　　二、唐拾义药厂　190

参考文献　192

绪 言

西方医学传入中国岭南继而向中国内地传播的历史源远流长。

西方医学传入中华之初源，可远溯至汉唐，并与陆上丝绸之路、海上丝绸之路之兴有关。此时及其后相当长一段时期，中国的医学水平与中国的经济文化及各种技术的发展水平一样，居世界最前列，在某些方面更是领先于世界，故而此时的西方医学对中国医学的影响极其微弱，当时的西方医学多是辗转经欧洲以外的地区传入中国，鲜见这一时期西医在岭南出现的记载。

最早直接由欧洲传入中国的西方医学，大体上是沿海上丝绸之路的走向经中国南方沿海传入中国，最初传入岭南，再传至中国内地。16世纪时，在世界各大文明中，基督教文明率先开始近代化崛起，近代西方海上列强中第一个世界海洋强国葡萄牙，沿海上丝绸之路最先来华叩关。中葡在中国岭南沿海经过一番博弈后，葡萄牙人在广东珠江口的澳门驻留下来，葡萄牙天主教教会随即在澳门开办了中国最早的西医治疗机构以及收治病患者的住宿点和发放药品的地点，还在当地收徒传授西医医术，以辅助传教。先是天主教教会传教士，后来加上新教的传教士，千方百计经中国岭南的澳门、广州等沿海口岸进入内地为当地人治病，通过著述和收徒来传播西方医学以辅助传教，个别人曾进入中国内陆，甚至接触到皇室，但最后也退回澳门、广州。

此时的西方医学，正经历从传统到近代化、科学化的转变进程，还不具备19世纪完成了近代化、科学化的西方医学那样比当时的中国医学高得多的水平，加上16世纪时的西方列强还未曾拥有对中国破关而入的整体实力，因而对当时中国医学的影响极其有限，但它开启了后来近代西方医学传入中国的先河，并与近代西方医学传入中国的起点相连，直接来自欧美的西方医学传入岭南继而传播至全国也由这一时期肇始。

在鸦片战争之前，跟随葡萄牙人身后、轮番崛起后前来中华叩关的西方

海洋列强，均因实力不足以破关而被中国拒之门外，包括西方医学在内的西方文化亦无法不受阻碍地传入闭关自守的中国。

广州在清朝乾隆二十二年（1757）至鸦片战争这一时期内，一直是中国唯一对外开放的贸易港，近代西方科学文明最先在此登岸，这里成为中国近代西医的发祥地。中国近代史以鸦片战争为开端，中国近代医学史也以此为起点。在中国进入近代以前，广州已是西方医学在中国的直接登陆点。近代西医传入中国，是先由广州内传。这时的西方医学乃至整个西方科学文化水平远远超越中国。鸦片战争后中国门户被强行打开，近代西方医学迅速入主中国医学界，不可阻挡地解构并重组中国医学。近代西方医学，先是迅速由广州辐射至全国内地，逐渐呈现由南向北、从沿海往内地、经城市到乡村次第传播的趋势，接着经中国各口岸如水银泻地般全面传入中国内地。此后西医发展的重心渐移至上海、北京等地，但广州的西医及其教育的发展水平仍居全国前列。

随着近代西方医学大规模传入中国，西医医院、西医医校最先建于岭南，再遍建于中国各地；有关西方医学的书籍及刊物，先出现在岭南，随后在全国流传开来；西医药房、制药厂等西医医药企业先创于岭南继而在全国建立；西方国家的医疗医事管理制度及方法、医学教育制度及方法和医疗慈善事业的制度及方法，先慢慢传入岭南再全面传遍全国；从国家到地方的近现代医疗医事和医学教育的管理机构逐步建立；全国性和地方性的现代医学专业团体纷纷成立；西方国家关于医疗防治、公共卫生、保健福利、医德伦理及人道主义的观念先开始传入岭南再传遍全国。从五岭以南的广东开始，中国近代西医医疗机构经历了由诊所向专科医院和综合医院的转变，医疗手段由简陋到完备，慢慢向现代化发展。西医传授方式由传统的以师带徒发展为医校教育，医校则由初始阶段进入规范化时期，渐渐形成中等、高等及普及培养等多层次医学教育结构。现代医学的各种制度，在中国逐渐建立，日渐改良，虽不完备，但从国家到地方的现代性体系已初步建立起来。中国医学艰难地完成了从岭南起步的近代化进程，虽在许多方面仍落后于世界先进水平，但已从传统走向现代，开始融入世界医学体系。

近代西方医学传入岭南的广东进而传播至全中国，使中国医学发生了根本性、全面性和结构性的转变，因而本书以主要篇幅叙述近代西方医学传入岭南广东的过程。

第一章
西方医学经南海海上丝绸之路传入中国概述

　　西方医学传入岭南的过程,是在西方医学传入中国的全过程中得以呈现的。西方医学传入中国的历史源远流长,漫长的历史大致可分为初源、西方崛起时代、近代三大历史阶段,并分别对中国医学产生不同影响。只有了解并比较西方医学传入中国的三个历史阶段及其对中国医学产生的不同影响,方可了解近代西方医学如何经岭南入华,并对中国医学产生不同于以往西方医学传入中国历史阶段的根本性影响。

第一节　西方医学传入中国初源

西方医学传入中国之初源，可远溯至汉唐时期。汉朝和唐朝在与"黎轩""拂菻""大秦"（即罗马帝国）经西亚地区的物质交流中，就有西方的药物流入中国。在《医方类聚》所引《五藏论》中提到的"底野迦"，就是由西方传入的含鸦片制剂。据《旧唐书·拂菻列传》记载，乾封二年（667），大秦使节曾献"底也迦"（同"底野迦"），说明含鸦片制剂在唐初已输入中国。《大唐景教流行中国碑》中记载，唐贞观九年（635），大秦景教（基督教的聂斯托利派）在中国传教。景教徒除传教外，还进行医疗活动，并曾为唐高宗治过病。这一时期西方医学主要是通过陆上丝绸之路与海上丝绸之路传入中国。

西方医学传入中国之初，中国的发展水平还处于世界前列，与其经济、文化及各种技术发展水平密切相关的中国医学水平，丝毫不逊于西方医学水平，甚至某些方面领先于世界水平，因此西方医学对中国医学的影响甚微。相反，此时中国的传统医学对西方还产生了一定影响，如中国的炼丹术曾传入阿拉伯，又经由阿拉伯传至西方。中国药物最早在公元10世纪已由阿拉伯传到欧洲。宋代开宝四年（971）在广州设置市舶司，当时中国药物经过市舶司由阿拉伯人运至西方的已约有58种之多，其中植物药47种，包括人参、茯苓、川芎和肉桂等。

需要说明的是，这一时期的西方医学大多是在曲折中辗转通过中亚、西亚、南亚和东南亚等地传入中国，鲜有直接来自欧洲的西方医学直接传入中国。特别是经陆上丝绸之路缓慢辗转传至中国的西方医学，不可能不受到所经之地的影响，并不能真正在完整意义上代表西方医学。当时那些偶见传华的零散碎片式古典西方医学成分，根本不能与后来西方文明崛起时代直接来自欧洲的系统的、完整的西方医学体系相比，更不能与已经近代化、科学化的西方医学相比。

第二节 西方文明崛起时代至近代前夜西方医学经海上丝绸之路由岭南入华

从16世纪开始,西方医学在中国的传播力度逐渐加大,并产生了一定影响,这与西方基督教文明狂飙突起的历史背景有关,中西经济文化与科技发展水平开始此消彼长。西方医学对中国医学的影响亦呈虽弱却渐长之势。这一时期西方医学在中国的传播与后来西方医学大规模传入中国是紧密相连的。西方医学传入中国实际上就以此时为开端。

当时西方医学主要是沿海上丝绸之路经岭南沿海入华。来自欧美的西方医学传入岭南继而传遍全国由这一时期开始。由于经海上丝绸之路而来中国岭南的船只,除补给和规避海上灾害而需暂时停泊所经之地外,可由出发地直接到达目的地,来自欧洲的西方医学可以直接传入中国,而传入岭南的西方医学受中途传播地的影响甚微。

一、西方基督教文明崛起与西方医学经海上丝绸之路向中国的传播

15—17世纪,以威尼斯为中心的意大利城市自由经济从萌芽到飞速发展,为西方大航海时代的扩张提供了物质条件,也为医疗卫生水平的提高奠定了物质基础。政治上,葡萄牙等国形成了以新君主制为核心的民族国家,为欧洲基督教国家经济腾飞与率先迈入近现代化进程提供了政治保障,也为其对外航海扩张提供了依托。以意大利为中心的西方文艺复兴运动引发思想文化大解放,带动了文化科技飞跃进步,包括医疗技术的飞跃发展,激发了从欧洲中世纪思想禁锢中解放出来的人们了解世界的欲望,为其世界性扩张提供了物质力量与精神动力。

16世纪,葡萄牙人首先大力推动开辟新航路。随着新航路的开通,世界贸易中心从地中海移至大西洋沿岸,意大利的威尼斯、热那亚等商业城市衰落,代之而起的是葡萄牙国都里斯本等城市。这些城市占据了世界海上贸易中心的地位,为葡萄牙经略海洋提供了雄厚财力。西方文艺复兴运动带动思

想文化与科技的巨大进步，从而刺激了葡萄牙人对航海科技近乎狂热的研究、开发与运用，也促进了包括医学在内的葡萄牙科学文化的发展。新君主制民族国家葡萄牙，在当时具有政治先进性优势，这有利于其争雄海洋。当时，伊斯兰教与基督教对立，阿拉伯与奥斯曼帝国的穆斯林控制了传统商路，而欧洲人急于探寻新航路，以获得香料、金银财宝及各种所需物品，求取暴富。欧洲基督教社会中许多人视传播基督教福音为崇高使命，这种使命感促使他们，尤其是传教士奔赴海外传扬基督教，这在一定程度上促使传教士把利于辅助传教的医术带向海外。于是，世界海洋时代来临后的西方第一个海洋帝国——葡萄牙开始崛起，在大航海时代的开山鼻祖、葡萄牙亨利王子的指挥下，葡萄牙人纵横世界各大洋，奔赴各大洲。

此时的世界几大文明中，只有欧洲基督教文明率先跨入近代化进程，且还没有一个文明能有力量与携近代化雄风的欧洲基督教文明一决高下，并占优势。此背景下，为追求财富，西方海上列强以葡萄牙为先行者，乘欧洲掀起开辟新航路的热潮，凭其经济、科技的优势，大举向东方进发。欧洲基督教物质文明与精神文明向中国渗透并日渐增强，西方的宗教、文化、科技也随之向东方大力传播，西方医学也开始在中国大规模传播。葡萄牙人最先代表欧洲基督教国家，手握正在近代化中的军力、财力、宗教和包括医学在内的科技文化向东方进发。

当时的中国，传统社会制度的发展已越过巅峰走向衰弱。明中叶，以儒家文明为特色的传统中央集权制度已呈现不可挽回之颓风暮气，且经济与科技发展相对缓慢，统领中国思想文化领域的儒家思想日渐保守，缺乏推动中国社会突破性发展与创造性进步的精神。同样，此时的中国医学也缺乏根本性的发展动力。

葡萄牙人向着东方征战略地而来，沿途不断建立殖民地，由此诞生了世界第一个全球性海洋帝国，开启了基督教文明雄视世界数百年的新纪元。当葡萄牙人驾着称霸海上的战舰商船来到中国海岸边时，强势突起的欧洲基督教文明与古老的中华文明，在中国南海之滨的珠江口一带展开激烈交锋。当时，中葡一番交手下来，横行各大洋的葡萄牙人一点也占不了上风。中西两大文明的第一轮较量显示出，此时的基督教文明还未拥有足以撼动虽已迟暮的中华文明的力量。葡萄牙人最后通过谈判和贿赂，虽然被允许在珠江口西边很小的半岛——澳门居留并进行自我管理，但是澳门的主权及管辖权仍属中国。

为适应其海外扩张的需要，葡萄牙人保留着在其海外殖民据点建立医疗

及慈善机构的惯例，为自己、当地居民和商旅服务。建立医疗机构一方面可为居于海外的葡萄牙人提供医疗服务，由于葡萄牙人每到一个新地区时不适应当地的环境和气候，加之对当地本土疾病缺乏免疫力，所以此时医疗服务尤其重要。遇到战事时，这些医疗机构便可成为军事医院。另一方面，设立医疗机构也是为了争取所到之地的人心，基督教传教士更通过医疗慈善机构为传教服务。这些医疗机构对当时葡萄牙的海外扩张发挥了重要作用。

葡萄牙人一到澳门，天主教教会迅速派代表卡内罗（Melchior Carneiro）于1568年到澳门任天主教教会澳门区主教，随即着手建立医疗慈善机构。他初拟设癞病院于广州，因中国政府不允许，后改设于澳门白马庙，因此成为将西医药学传入中国的第一人。卡内罗于1569年在澳门开办圣拉斐尔医院（亦称贫民医院）和麻风病院。建于万历二十二年（1594）的澳门圣保罗学院扩充为大学后，曾设医科实习班。由此，澳门出现西医教育机构，并成为近代西方医学在中国最早转化为实体之地。这也标志着西方经科技文化之潮，凭海洋文明劲风之力开始一轮又一轮地漫过南中国海岸上澳门滩头，直奔广州，涌向古老的中国大陆，却一次次因潮力不足而退回大海，直至鸦片战争的到来，才终于冲开中国的闸门。

二、西方医学经海上丝绸之路由澳门、广州等地传入中国内地的概况

16世纪中叶以后，欧洲基督教会相继派遣传教士来华，有耶稣会教士利玛窦、庞迪我、熊三拔、龙华民、邓玉函、阳玛诺、罗雅谷、艾儒略和汤若望等。他们大多留驻澳门，等待时机进入内地。为利于传教，他们或多或少具有医学知识，甚至有的医学专业水平很高。此时的西医主要是通过他们传入中国的。

明清两朝虽然总体上对来自西方的精神与物质的舶来品防范极严，但对西方来华人士行医及传授医术的限制却相对宽松，这就给西医及西医教育在中国留下了生存空间。

天主教会利用当时中国政府对西医相对宽松的限制，以经澳门入广州为线路，积极谋求在中国开展以传教为终极目的的医疗与医学教育活动。耶稣会教士来华后，常利用医药为媒介进行传教活动。利玛窦于1583年在今广东肇庆地区，就曾借为病人诊治疾病之机劝患者入教。

基督教新教团体的传教士医师，也以澳门为踏脚石迈向广州或直接登陆

广州进入中国行医传教。经过宗教改革的新教传教士医师的行医传教影响越来越大。

此外，当时还有罗德先慎斋、樊继训、罗怀忠、安泰治得、罗启明、巴新等人，在澳门、广州等地利用医药进行传教活动。

以耶稣会传教士为主的天主教传教人士，也著述翻译与医学有关的科学著作。耶稣会教士邓玉函于天启元年（1621）在澳门行医，并做过病理解剖。明朝万历年间，由他译述、经毕洪辰整理加工的《人身说概》（约成书于1635年），是西方传入中国最早的、比较完备的解剖学专著之一。傅汎际和李之藻合译的《名理探》，在讨论知觉、思维的过程中兼论一些解剖生理知识。利玛窦在其《西国记法》中介绍了神经解剖知识。高一志在《空际格致》中介绍了古希腊四元素说和解剖生理知识，艾儒略的《职方外纪》述及欧洲焚毁城镇的防疫法，在《西方问答》中介绍了欧洲玻璃瓶验尿诊断及放血疗法，熊三拔的《泰西水法》述及排泄、消化生理知识、温泉疗法及药露蒸馏法。此外还有天主教耶稣会传教士罗雅各（Giacomo Rho）所译的《人身图说》，也是西方传入中国最早的、比较完备的解剖学专著之一。另有法国传教士巴多明用满文翻译的皮理·第阿尼斯（Pierre Dionis）的《解剖学》，被抄成三部后分藏于清朝皇宫中的文渊阁、畅春园及避暑山庄，不过因流传很少，故影响极小。

在西方文明崛起时期，恰遇中华传统文明趋于内向保守的历史时期，故此时的中国对于外洋舶来之财富和精神文化限控渐增。外国来华船只人员多限于进入广州、澳门一线，除此之外其他中国口岸较少洋船入埠，随船而来登岸传教行医的传教士医师更少见。到了清朝乾隆二十二年（1757）只限广州一口开放，对来华的精神与物质的管控更严。只有岭南的澳门、广州被清朝定为外国人在华的可居留地并允许在此从事贸易活动，西方医学在此可相对从容地传入、撒播和生根。由此可见，中国历史发展的状况决定了岭南为西方医学传入中国的发源地。

面对当时闭关自守的中国传统社会，以及与之相关的相对封闭保守的中国医学，当时西方医学对中国医学的影响还相当有限。在澳门的外国人未经允许不能进入中国内地，外国的政治、经济、文化影响被阻隔，无法渗入内地，西方医学通过澳门传入内地受到当时中国政府的严格限制。

当时包括西方医学在内的西方科学，远没有达到后来经过工业革命、社会制度大变革、思想文化大进步后所达到的近代西方科学水平，而当时的中国医学还没有被拉开进入近代后所呈现的与西方医学的差距。然而，在西方

医学传入中国的历史上，西方崛起时代与中国近代这两个阶段紧密相连，西方崛起时代的西方医学传入中国，为近代西方医学大规模传入中国提供了准备。

在16世纪葡萄牙海上帝国的全盛时期，欧洲医学处于划时代的历史过渡时期，从中世纪跨入了近代，正由传统的基督教医学向近代科学医学转变。虽然这一时期传统教条仍被奉为经典，但是作为文艺复兴重要组成部分的医学也发生了巨大变化，尤其是在解剖学和生理学领域，医学旧体系已被冲破。西方医学迈进了医学科学化的快速进程。文艺复兴、宗教改革及科学成就日新月异，产生了革命性冲击，使得基督教对包括医学在内的科学的束缚日渐松动，医学科学化的进程已然开启。这时随葡萄牙人的船舰而来的西方医学，带来了比中国传统医学更多先进的东西，更显生机勃发，发展势头更盛、更迅猛。这时的西方医学第一次有了挑战已居世界前列数千年的中华传统医学的意味。当时西方医学的解剖学和生理学的研究成果也被介绍到中国。

然而，就16世纪的欧洲医学整体医疗状况来看，中世纪的医疗传统在新的科学化、近代化大潮冲撞中仍保持其主流地位，宗教对医学的束缚仍在。诸如占星医学、放血疗法和理发匠医生的外科治疗等中世纪医疗形式仍在通行，靠宗教神迹治疗的方式依然存在。西医近代化、科学化还要经过17世纪和18世纪漫长的奋进搏击历程，直到19世纪才基本完成。16世纪葡萄牙人带给中国人的欧洲医学，完全无法与19世纪鸦片战争前后出现的、经过数世纪贸易与金融业的飞跃发展、社会大革命与意识形态革新、工业革命和科学技术飞跃发展的影响下发展起来的西方近代医学科学相比。因而当时葡萄牙人带给中国人的西方医学对中国医学的影响甚微。

作为近代史上海上强国的葡萄牙，尽管是欧洲一个封建势力非常强大的国家，但和英、美、法、德这样的发达工业国家相比，它既没有足够的经济实力与军力在华进一步扩大影响力，也未能在科学、思想和文化上较深地影响中国。它驻足在中国岭南海岸线上一隅之澳门，并没有对实行闭关自守的中国产生较大的影响，自身衰落也快，其海上霸主地位很快就被新的海洋帝国取代，终告没落。澳门也因此衰落，加上澳门地理条件的限制与变迁，西方通过澳门向中国扩张和输入西方科技、思想和文化的作用大受限制。当时的澳门圣拉斐尔医院亦相当破败，几经塌毁，虽经修复延续，但一直只见其作为传教士赠药施治的场所的记录和收留如麻风病人等病患者的记录，一直到近代前后仍未见其已具备一间近代化综合或专科医院的条件的记述，但本书仍遵循史录，以医院称之。圣保罗大学虽有过传授医学的记录，但其报告及笔者目前所掌握资料中既未见提及开设医学课程，也没有开设医学专业及开展医校式活动的任何记录，圣保罗大学医学的教育方式应是采用以师带徒的形式，迄今未见近代以前有中国境内开设西医教育机构与医校式教育的记载。1762年，圣保罗大学及其所属医院关闭，从此至近代未见在中国境内有稍具规模地开展以师带徒式西医教育的记载。这时的广州，因长期作为中国外贸港并具有优良的外贸条件和声誉，又居于珠江三角洲及华南的地理中心，并具有联通全国各地枢纽的功能，是近代以前商品从东南亚、西亚、非洲、欧美跨洋来到中国大陆的第一站，自然被选择为当时中国的开放口岸。澳门是对外口岸广州的外港，成为经澳门转黄埔到十三行这条广州对外口岸入口线中的一环。这一时期中国中央集权专制王朝的闭关自守政策弊端渐显，并于乾隆二十二年（1757）实行广州一口通商之策。此时的广州，成为西方政治、经济、思想、文化、科技传入中国的唯一登陆口岸，也是西方医学传入中国的唯一入口。这为鸦片战争后中国进入近代、广州成为西方医学大规模传入中国的开端之地准备了条件。

三、葡萄牙传教士在澳门行医传教

葡萄牙人在澳门定居下来后，便开始了以传教为目的的行医救助活动。

（一）建立医疗机构

1568年5月，受罗马教皇之命，葡萄牙天主教耶稣会士卡内罗抵达澳门，担任日本和中国教区代牧主教。他在到达澳门后不久，便建立了一座仁慈堂和两座医院。"贫民医院有内、外科医生和放血师。"[1] 这成为在中国领土上建立的最早的西式医疗机构。由于当时只见到一般医生及病人的生活服务的资料，没有这两所医院的医疗性运作的详细资料，尚不能判定当时这两间西式医疗机构是医院还是诊所，或者是收留病患者之所。但它们绝非后来19世纪出现的近代化医学科学治疗机构，其初建时只是保留中世纪主流特征的西式医疗机构。此外，由于澳门距包括葡萄牙在内的欧洲非常遥远，囿于各种条件，当时葡萄牙人在澳门所办的医疗机构，作为欧洲葡萄牙医学水平长距投射与医疗实力远距投送的结果，其医疗水平可能逊于当时欧洲葡萄牙本土的医疗水平。

---

[1] 董少新《形神之间——早期西洋医学入华史稿》，上海古籍出版社2012年版。

一所近代西医院应具备以下基本条件：①医院应有工作者，称为医护人员或医疗专业人员，按类别则可分为医生、护士、技师等，按工种可分为临床、医技、后勤等；②医院应有正式的病房和一定数量的病床设施，实施住院诊疗，一般设有相应的门诊部；③具有基本的医疗设备，设立药剂、检验、手术及消毒供应等医技诊疗部门；④有能力对住院病人提供合格与合理的诊疗、护理和基本生活服务；⑤有相应的、系统的人员编配；⑥有相应的工作制度与规章制度。由现有掌握的资料来看，贫民医院创建时尚不具备一所近代医院所必备的要素，只能算是一所传统医疗机构，或是收留病患者之所，或是发放药品之处，并不像后来在1835年创建于广州的新豆栏医局那般，具备一家近代医院的最基本要素。葡萄牙人在澳门建立的医疗机构所提供的药物与治疗手段，也没有后来的新豆栏医局以工业革命与科技大发展带来的发达的科学水平与生产能力为基础研发出来的药品与医疗手段先进。但是为表述之便，本书仍按史载称谓，称初建后的贫民医院为医院。

葡萄牙人一到澳门就能建立医疗机构，是有其科学实力基础的。当时国力正盛的葡萄牙，其医学水平在欧洲是领先的。而且，葡萄牙作为当时世界上最强大的海洋帝国，为了保障其大航海事业的发展，航海医学应运而生，成为规范化、体系化的科学学科。航海医学为葡萄牙的远洋航海事业提供了医疗保障，降低了远航船员的死亡率，使国小民少的葡萄牙能顺利地进行海外扩张的霸业。葡萄牙人船上设有医生和药房，在为船上人员服务的同时，也把西方医学传到葡萄牙的海外据点。因此，葡萄牙人在澳门一下船便能建成一所医疗机构。

根据《澳门仁慈堂章程》（1627年颁布，以下简称《章程》）规定，仁慈堂每个月末选举一名修士（Irmao）来管理医院，[①] 当选后的这名修士就成为当月的医院总管（Mordomo do Hospital）。他"有义务协助医生（Medico）和外科医生（Cirurgiao）的每一次出诊及对病人的每一次治疗"。[②] 该《章程》最后一条对医院总管有更详细的规定："必须每天上下午留守在医院中，并要亲临病人的治疗现场，给病人分发食物，亲切地探望他们，为每一位病人提供必需品。……给医院的服务人员提供适量的鱼和米，禁止使用大锅以外的炊具烧饭，以免带来麻烦。""未经总管批准，任何男仆不得离开医院。……月末总管进行交接时，前任总管要将钥匙、财产清单、白色衣物以及箱子里所

---

① Compromisso da Mizericordia de Macau, p. 25.
② Compromisso da Mizericordia de Macau, pp. 57 - 58.

有属于病人的物品交给继任者,让后者了解缺少什么必需品,以做补充。"①

医院建立之初,被称为贫民医院。大约在1834年之前,这所医院也被称为市民医院(The Civil Hospital)。②1841年,仁慈堂对贫民医院进行了大规模扩建,并在正门之上辟一神龛,内中置圣徒传记中病人保护主圣拉法艾尔(S. Rafael)像,葡萄牙人因此把它称为圣拉法艾尔医院(Hospital de S. Rafael),③亦称圣拉斐尔医院。当时中国人称贫民医院为"医人庙"④或医人寺,⑤也有称其为"白马行医院"的,因为中国人称医院前面的街道为"白马行",在举行佛教游行仪式中白马偶像由此通过,⑥医院由此得名。贫民医院位于三巴炮台山之南麓,板樟堂之东,以及白马行(现名伯多禄局长街)末端,在400多年中,一直没有什么变化。

澳门伯多禄局长街(白马行)街景现照

---

① Compromisso da Mizericordia de Macau, pp. 102 – 103.
② 龙思泰《早期澳门史》,东方出版社1997年版。
③ 龙思泰《早期澳门史》,东方出版社1997年版。
④ Soares, J C, Macau e a Assistencia, p. 160.
⑤ 印光任、张汝霖《澳门纪略·澳蕃篇》云:"别为医人庙,于澳之东。"祝淮《新修香山县志》卷四《海防·附澳门》曰:"医人庙在澳东。"
⑥ Soares, J C, Macau e a Assistencia, p. 148.

白马行（现名伯多禄局长街）街景现照

1640年贫民医院进行过一次改建。① 18世纪中叶，贫民医院一度衰落，诊室脏乱不堪，医院的小礼拜堂也成为废墟。1747年，仁慈堂主席路易斯·科埃略（Luis Coelho）针对当时医院建筑的情况，决定投资进行改建。② 工程开始于1747年4月10日，共花费了750两银子。已完成的一段墙为东西走向。小礼拜堂居中，正对大门。新建部分一侧为男部，另一侧为女部，各有30个床位，而旧的部分则仍为女部。③ 新工程最大的特点，便是分男女两个住院部，中间是小礼拜堂。1766年又有过一次重建。④ 贫民医院在19世纪有所发展，著名的西洋牛痘接种法便是通过这里经岭南传入中国。

葡萄牙人在澳门开办的医院，除为当地中国人服务外，还在很大程度上为澳门的葡萄牙人提供医疗服务。来澳门的商船，一般会有生病的船员，他们到达澳门，便会被送进仁慈堂医院进行治疗。澳门开埠之初，葡萄牙并没有在此驻军，后来有驻军后，伤病军人也在仁慈堂医院接受治疗。直到1798年，才在贫民医院的附近建立了一所小型军事医院，以治疗驻澳门的葡萄牙军队官兵。

---

① Soares, J C, Macau e a Assistencia, p. 150.
② 见申良翰《香山县志》卷八《濠镜澳》（广州中山图书馆藏本）："俗好施予建寺独多，枕近望夏村，故有东、西望洋寺，又有三巴寺……医人寺"。
③ BA, Jesuitas Asia, Cdd. 49—V—29, fl. 225.
④ Soares, J C, Macau e a Assisteneia, p. 152.

（二）澳门圣保罗学院从事医药活动与传授医学活动

澳门圣保罗学院建于1594年，1597年举行开学仪式。该院是耶稣会在远东地区培养传教人员的重要机构，也是远东地区第一所西式大学，模仿了罗耀拉在罗马所建耶稣会学院的模式。

澳门圣保罗学院建立时便设有诊疗所，还有一间药房。学院的医疗机构主要职责是医治前往远东传教的耶稣会士，很多在中国内地传教的传教士在患病后通常会返回澳门进行治疗。学院的教士们也利用该诊疗所为当地中国人行医传教。由于贫民医院及其药房常常难以请来专业的医生和药剂师，圣保罗学院的医生和药剂师要经常前往贫民医院治疗病人。学院的药房有一个大厅和一个配药室。大厅用来当药店，向公众出售药品，厅内供奉健康圣母像。配药室里有火炉、消毒柜、黄铜的消毒锅、铜蒸馏器、研钵、玻璃杯、上釉陶杯等。药房为当地人、传教士、过往的商人和航运人员提供医药服务。

圣保罗学院药房建立以后，澳门市民能得到当时颇为先进的药物。1762年澳门耶稣会士被驱逐，圣保罗学院及其所属的医疗所被迫关闭，药房也被出售。

圣保罗学院扩为圣保罗大学后虽有过传授医学的活动，但其报告中未见提及开设医学课程，也没有记录开设医学专业，圣保罗大学医学的教育方式应是采用以师带徒的形式。1762年，圣保罗大学及其所属医院关闭，自此至近代未见在中国境内开展过一定规模的西医教育活动的记载。

（三）澳门麻风病院

卡内罗主教曾在贫民医院中设一个专门的隔间来收治麻风病人。该医院由与教会同时建立的慈善机构——仁慈堂管理。大约在17世纪前期，收留麻风病人的场所被迁到了澳门城墙。澳门圣保罗学院的教士和学生会定期去麻风病院看望病人，并带去一些生活用品。

四、西医由以岭南为主要地域的中国沿海向内地传播

中国明清两朝，随着西方国家的传教士在以岭南为主的中国沿海登陆并在当地行医传教站住脚后，渐入内地开展传教活动，有的传教士也在当地行医，有的还设有收治病人的场所，但并非当时澳门的那种医疗机构。

西方医学也曾传至皇宫。西方医生在中国宫廷行医早已有之，但更多的是经海上丝绸之路而来的西方传教士。西方传教士在中国宫廷的医疗活动主要集中在康熙朝的后30年，雍正、乾隆、嘉庆各朝宫廷中也有过几位传教士医生，但以康熙朝时的西医医疗活动最为活跃。

利玛窦来华后就与中国医药界人士接触，据说他与医家王肯堂曾多次交往。王氏的《疡医准绳》所载人体骨骼数目和形状，就是在西洋解剖学的影响下写成的。利玛窦译著中所持西方生理观念如"记含之室在脑"之说，引起了中国医学界的第一次震动。①

17世纪后期的康熙朝，任用了一些西洋人。康熙对他们的服务相当满意。1688年，来华不久的法国传教士白晋（Joachim Bouvet，1656—1730）、张诚（Jean François Gerbillon，1654—1707）两位神父开始为康熙讲解西洋科学知识，后来因为康熙偶患疾病而中止，他们便转而为讲解西洋医学知识做准备。康熙病愈后，他们便将编译的西医讲义呈予康熙阅览，康熙非常赞赏，因而明诏奖励他们。他们趁机恳请康熙解除禁教令，康熙同意了。② 这便是康熙三十一年（1692）容教诏令。康熙三十一年正月三十日上谕："西洋人治理历法，用兵之际，修造兵器，效力勤劳。且天主教并无为恶乱行之处，其进香之人，应仍照常行走。前部议奏疏，着掣回销毁。"康熙三十一年二月初二日又谕："前部议将各处天主堂照旧存留，止令西洋人供奉，已经准行。现在西洋人治理历法，前用兵之际，制造军器，效力勤劳。近随征俄罗斯，亦有劳绩。并无为恶乱行之处。将伊等之教，目为邪教禁止，殊属无辜。"初三日，礼部尚书顾八代等十七位大臣议得："查得西洋人，仰慕圣化，由万里航海而来。现今治理历法，用兵之际，力造军器火炮，差往俄罗斯，诚心效力，克成其事，劳绩甚多。各省居住西洋人，并无为恶乱行之处，又并非左道惑众，异端生事。喇嘛僧等寺庙，尚容人烧香行走，西洋人并无违法之事，反行禁止，似属不宜。相应将各处教堂，俱照旧存留；凡进香供奉之人，仍许照常行走，不必禁止。俟命下之日，通行各省可也。""二月初五日，奉旨依议。"③ 此诏令颁布后不久，便有了一位西洋医生应召入宫服务。

1693年清朝康熙皇帝患疟疾，传教士洪若翰（P. Joannes Fontaney，

---

① 张友元《简明中外医学史（第二版）》，广东高等教育出版社2009年版，第189页。
② [法] 白晋《清康乾两帝与天主教传教史》，冯作民译，台湾光启出版社1966年版，第97—98页。
③ 引自黄伯禄《正教奉褒》，上海慈母堂重印，1895年，第112—114页。

1643—1710)、刘应献上金鸡纳霜（奎宁）一磅，张诚、白晋又献上其他西药，治愈了康熙的病，这使西药名声大振。此外，法国传教士医师罗德先（Bemard Rhodes，1645—1715）曾为康熙治愈心悸症和上唇生瘤。其时有传教士充任御医，康熙还曾命人翻译了一本包含血液循环等欧洲近代较先进医学理论的著作，可惜未予刊行。康熙对西医西药颇感兴趣，曾命传教士白晋和张诚在宫中建立一个制作西药的作坊。他还就一些西药的药性、何病该用何药医治等问题，询问西方传教士，只要发现宫中缺少何种西药，便派人到岭南的澳门等地寻找。

当时西医在中国社会已有一定影响。但后来的"礼仪之争"改变了这一局面。本来当时天主教在华发展较快，"名士高僧攻教虽烈，而天主教并不因此少衰"，主要是由于利玛窦等人能明智地调和天主教与儒家学说的矛盾，尊重中国知识分子的传统。至1704年罗马教廷传令，禁止中国教民尊孔祭祖，对这种干预中国传统礼俗的做法，康熙立即强硬地表示将以禁教相应对。后来更由于有传教士卷入了康熙晚年的继位之争，雍正登基后便决然下令禁教，开启了"百年教难"时期。此后，虽偶见宫廷短暂出现过西洋医生身影，但依附传教而来的西方医学传入中国的活动戛然而止。不过，西医的行医传教活动乃至个别传授医术活动仍见于澳门及广州。

五、新教传教士的行医传教活动

基督教新教派遣来华的第一个传教士为英国人罗伯特·马礼逊（Robert Marrison），他于1807年到达广州，1820年与东印度公司外科医生李文斯敦（John Livingstone）在澳门开设一间诊所。随后，英国在东印度公司驻中国站的传教医生郭雷枢（Thomas R. Colledge）于1827年在澳门开设了诊所，次年扩大为医院，这是有文字记载的外国人在中国开办的第一所教会医院。1828年，郭雷枢在广州又开设了一所小医院，邀请白拉福（J. A. Bradford）及柯克斯（Cox）两人协助管理。1836年，郭雷枢向教会呈上《任用医生在华传教商榷书》，书中要求教会多派传教医生来华，用医病的方法辅助传教，他的建议得到了美国的重视。1830年，美国公理会派第一个传教士裨治文（E. C. Bidgman，1801—1861）来华，同年2月25日裨治文到达广州。他在1935年《中国丛报》上说要使用武力来迫使中国签订不平等条约。裨治文主张利用医学来争取人心，搜集情报，后来参与了策划签订中美《望厦条约》。1834年10月，美国公理会又派传教医生彼得·伯驾（Peter Parker）

到广州，他于1835年11月在广州建成"眼科医局"，医局设在新豆栏街，故又称新豆栏医局，为博济医院的前身，是美国在中国开设的第一所教会医院。

经过宗教改革洗礼的新教传教士以更强的势头，更灵活的方法来华行医传教，其影响渐渐超过天主教的行医传教活动所产生的影响。

第三节　从岭南到全国
——近代西方医学大规模传入中国

西方医学首先登陆中国南海之滨，以穗澳为据点往中国内地传播，几经进退，随着中西文明力量此消彼长。以鸦片战争为历史节点，西方文明最终全面突破中国的闭守进入中国，形成近代西方医学大规模传入中国之势。这时的广州，自清朝乾隆二十二年（1757）至鸦片战争期间一直是中国唯一对外开放的贸易港，因为澳门早已衰落，西方来华的人员、物质财富和形而上文化知识转而在广州登岸。而这时刚完成了近代化、科学化进程的西方医学，倘若要传入中国，也只能登陆广州，中国近代西医也就此发端于广州。近代西方医学科学大规模传入中国的时代正式开始。西医经过17世纪和19世纪的发展基本完成了近代化、科学化的历程，以压倒性优势出现在中国传统医学面前。近代西方医学科学彻底改变了中国医学的面貌与格局，中国医学逐渐开始融入世界现代医学体系当中。由于近代西方医学对中国医学有根本性、结构性的影响，本书以主要篇幅叙述近代西方医学传入岭南继而传遍全国的概况。

一、近代西方医学大规模传入中国的原因

中国近代史以鸦片战争为开端，中国医学史的近代开端也应以此划分。这时西方的经济、文化、科学发展水平远在中国前面。包含在近代西方科学文化里的近代西方医学，无疑要比当时中国医学先进。由于当时中西医在科学水平上存在巨大差距，当中国国门一被打开，西方医学大规模传入中国之势骤起，就引发了中国医学在数千年发展史上未有之质变。从那时起，中国医学逐步与世界医学交融接轨，成为完全不同于传统医学的近现代医学。

在近代各大文明的国家中，欧美的部分基督教文明国家率先完成近代化进程，成为现代化国家。近代的西方工业革命、贸易与金融业的发展，使西方市场经济发展突飞猛进，带动了包括医学科学在内的西方科学技术的飞跃发展。近代西方，风起云涌的社会大革命、翻天覆地的制度大更迭和宗教改

革与启蒙运动等意识形态革新，引发了思想观念的大更新，也促进了包括医学科学在内的科学技术的发展。曾走在世界前列的中国社会发展水平，仍停留在传统社会阶段，进入近代后明显落后于西方列强。

迅速发展起来的西方近代发达工业国，为了谋求更多的财富，为商品、资本寻找新的市场和出路，乃向包括中国在内的东方各国进行紧密的扩张。当时的中国，由于长期封闭守旧的经济、文化和科技体系远落后于西方，被轻视的医术就更加滞后。随着西方列强海啸狂潮般的军事入侵和经济扩张，中国封闭的国门被强行打开，包括医学科学在内的西方文化科学就此涌进了中国大地。

近代西方医学传入中国，之所以能产生巨大影响，除其较当时的中国传统医学更先进外，还有着科技、经济、文化、军事、政治和宗教等方面的原因。近代欧美强国在近代西方发达的经济科学文化基础上形成的经济实力和文化实力，拥有对中国经济文化上的优势，成了西方医学传入中国的助力。近代西方列强凭借发达的科技实力、经济实力及以先进视野为条件建立的强大军事力量与国际政治强权，客观上有助于西方医学传入近代中国。西方国家为拉近自身与东方国家官民的关系，也乐于推动西方医学传入中国这样的东方国家。欧美国家宗教人士对西方医学传入中国的推动作用也很重要，广东近代最早的西医院和西医校皆由欧美教会人士创建。

在国门被打开后，中国人从被动接受包括西方医学在内的西方科学，到为了强国救亡主动积极地学习西方科学，也是近代西方医学传入中国的不竭动力之一。光华医社和广东公医的创立，继而广东公医转并广东大学，有着在中外冲突背景下中国人争医权、争医学教育权的历史根源。

二、近代西方医学从广东到全国的传播

中国近代西医是发端于以广州为中心的珠江三角洲地区。在1805年至1865年间，英国船医皮尔逊（A. Pearson，1780—1874）就在澳门、广州试种牛痘，并传授此术给广东人邱熺，还将种牛痘技术编成《牛痘奇法》一书并译成中文印行。西方医学悄然而又不断地渗传到广州。1835年美国传教士伯驾在广州开办眼科医局，又称新豆栏医局，后来定名为博济医院，是中国近代前夜开办的一间西医院，伯驾在这间医院行医大受当地人欢迎，他还在医院内用最新的醚麻醉施行外科手术。

1866年，美国传教士医师嘉约翰（John G. Kerr，1824—1901）在博济

医院内设立医校，这是近代中国第一所西医学校。该校开办之初只招男学生，1879年招收第一个女学生，这是近代中国首招女学生的医学校。

1842年，英国与清政府签订了《南京条约》，迫使中国开放五个口岸。西医医院在中国内地大量建立。这些医院初建时多是参照博济医院的模式开办或受到博济医院的影响，如上海仁济医院、宁波华美医院、天津法国医院、汉口仁济医院和普济医院、汕头福音医院、上海同仁医院、宜昌普济医院、杭州广济医院、天津马大夫医院、汕头盖世医院、九江法国医院、苏州博习医院、上海西门妇孺医院、武昌仁济医院、通州通州医院、福州柴井医院、福建南台岛塔亭医院、北海北海医院、南昌法国医院、南京钟鼓医院、九江生命活水医院、保定戴德生纪念医院等。

中国的西医学校也纷纷开办，这些西医学校多深受博济医院所办西医校模式的影响。例如1871年京师同文馆开设生理学和医学讲座；1881年天津医学馆设立，后发展为北洋医学堂。

大量的西医书籍也以中文编译出来。1850年，英国传教士合信（Benjamin Hobson，1816—1873）在广东南海人陈修堂协助下于广州编译出版的《全体新论》（又名《解剖学和生理学大纲》），是翻译介绍到中国的第一本比较系统的西方医学教科书，共有39论，收图200幅，是一部详尽的生理解剖书籍。主持博济医院的传教士医师嘉约翰在1859年至1886年间编译了《化学初阶》《西药略释》《裹扎新法》《皮肤新编》《内科阐微》《花柳指迷》《眼科撮要》《割证全书》《炎症新论》《内科全书》《卫生要旨》《体质穷源》《全体阐微》《全体通考》《体用十章》《医理略述》《病理撮要》《儿科论略》《妇科精蕴》《胎产举要》《产科图说》《皮肤证治》《眼科证治》《英汉病目》。此外还出现了西医药刊物，如博济医院的主持嘉约翰主编的《西医新报》，此为中国最早的西医药刊物。另外，尹端模在广州创办的《医学报》，是中国人自办的最早的西医刊物。

西方国家的医疗医事管理制度及方法、医学教育制度及方法、医疗慈善事业的制度及方法，缓慢地传入中国。西方国家的关于医疗防治、公共卫生、保健福利、医德伦理及人道主义的观念也开始传入中国。

从广东开始，国家到地方的近现代医疗医事和医学教育的管理机构逐步建立，国家到地方的现代医学专业团体纷纷成立。

最先传入岭南的近代西方医学大规模传入中国，使中国医学史翻开了新的篇章。中国西医医疗机构经历由诊所向专科医院和综合医院的转变，医疗手段由简陋到完备，逐渐走向现代化。西医传授方式由传统的以师带徒发展

到医校教育，医校则由初始阶段进入规范化时期，医学教育渐渐形成中等、高等及普及培养等多层次教育结构。从1835年发端的中国近代西医与从1866年发端的中国西医医校教育，在近现代中国大变迁的历史环境中历经一百多年异常艰难曲折的发展，至20世纪40年代末初步成型。从晚清到民国这一时期，由广东开始发端，现代的医疗医事管理部门、医学教育的管理机构和医学专业团体初成体系。现代医学的各种制度，在中国逐渐完善，日渐改良，虽然仍不完备，但从国家到地方的现代性体系毕竟初步建立了起来。

第二章
发端于南海海上丝绸之路起点广州的中国近代西医

　　近代西方医学先经岭南传入中国，鸦片战争后迅速传入中国内地。之后，中国医学开始发生从传统走向现代的根本性转变。以广东、香港、澳门等以珠江三角洲为中心的岭南一带是近代西方医学最先传入之地，出现了中国最早的西医治疗机构、西医校、西药企业、针对特殊残疾群体的收治教育机构、近现代的医疗管理与公共卫生管理机关。与医学有关的西方人道主义、对各类病患伤残者的人文观念，包含在基督教观念里的对生命的终极关怀，最先从岭南一带引入。这对西方医学全面传入中国，中国现代医学及其教育体系的建立，中国医学的现代化进程的启动，以及与医学有关的各种观念的引入，都起到了不可替代的作用。

第一节　中国近代西医发端于岭南的原因

中国近代西医发端在岭南，与其政治经济、人文历史、地理条件、西方传教士的活动都有着十分密切的关系。

一、广州外贸港的地理条件

在中国近代西医在岭南广东地区发端的各种原因中，广州得天独厚的外贸港地理条件是前提。

广州自古就是中国对外贸易的重要港口，虽然随着各朝各代社会经济发展与对外贸易政策变化而有过相对衰落的时期，但两千多年来广州一直保持中国最重要外贸城市之一的地位。这与广州独有的地理条件有关。中国面对的大海东边是世界最宽阔的太平洋，航行条件恶劣，邻近只有日韩，南边通过南海与东南亚各国相邻。由于古时船只吨位很小，抵御海上风险能力很低，遇险须尽快靠岸，并且要随时登岸补充淡水和食物，因此海上航船一般都选择贴近海岸线航行。西亚、南亚、非洲、欧洲来华船只，多走紧贴东南亚岸边的南海航道，而沿此航道最先抵达中国内地的着陆点自然是广州，这里的黄埔港有足够水深让外国船只停泊。广州有着两千多年积累的港口管理、外事、海洋贸易的经验，还有着设施完善的港口条件。

由于广州具备得天独厚的外贸港地理条件，在清朝乾隆二十二年（1757）被选为中国对外贸易唯一口岸。以西方医学为先导的西方科学文化也就首先登陆以广州为中心的珠江三角洲地区，形成经外港澳门、进黄埔港、通向广州十三行的西方医学传入路线。

二、历史及政治原因

中国传统社会进入晚期后，封闭性和保守性渐强，由于当时的中国传统社会具有自给自足的自然经济结构，统治者认为无须与外国进行经济交流。此外，统治者还担心开放国门会使领土主权受到外国侵犯，担心沿海的国人

与外国人交往，会危及政府的管治，因此明清两朝实行闭关锁国政策，虽有反复，但总趋势渐趋强化。进入清中叶后，闭关锁国政策发展到极端，当时以广州为中国唯一对外开放港，造就了近代西方医学只能在广州及其外港澳门传播的政治背景。

（1）清朝乾隆二十二年（1757）至鸦片战争这一时期，只开放广州为采办清朝皇室所需物资和朝廷对外贸易的唯一口岸。海外来华外国人一般只能进入广州，其影响仅波及与广州有紧密联系的岭南一带。除个别的外交、宗教及其他人士外，外国人不能离开广州去中国的其他地方。

当时中国的统治者实行闭关锁国的海禁政策，使广州成为中国唯一与海外保持密切联系的地区。中外的贸易在此互通往来，中西政治文化在此碰撞交汇。作为西方文化科学一部分的近代西方医学，自然也踏足于此，并促成中国近代医学在这里孕育发端。

虽然中国传统社会晚期的统治者闭关自守，排斥西方文化，但对西方医学传入限制却相对宽松，且来华传教的西方基督教传教士又爱用行医辅助传教，以取得民心。这使西方医学先于其他西方科学学科传入中国。

（2）19世纪，西方各国先后经历工业革命，为了给商品和资金寻找出路，列强向中国等东方各国扩张，西方科学也随之在中国大规模传播。包括西方医学在内的西方科学，首先在当时开放已久，为西方国家最熟悉的港口城市广州登陆，进而辐射至全国，最后把占据的重点移至长江三角洲的城市和北京等全国中心地区。

三、岭南历史人文地理原因

以广州为中心的珠江三角洲地区，在人文习俗上有较强的兼容性，是作为西方文化一部分的西方医学较易于在当地立足的原因之一。

秦朝经略岭南，特别是秦将赵佗在以广州为中心的岭南建立南越国政权后，中原文化正式大规模传入岭南地区；南越国吸收当地百越文化，形成有浓重地域色彩的岭南文化。秦汉以前，岭南已和海外有密切联系，汉代以后，广州更一直是中国对外开放的重要港口。外国人常由此登岸入华，其中也有大量居留于此的时期，在唐代，广州成为佛教、伊斯兰教、基督教的天主教和新教以及其他宗教由海路传入中华的主要登陆点之一，有海外来华人员的居留地蕃坊。16世纪澳门容许葡萄牙人居住时，广州便有与外国商人交接的十三行。岭南在与海外的漫长交往中，其文化长期受到东南亚、非洲、欧洲、阿拉伯等地文化影响。以广州为地域文化中心的岭南，历来对外来文化持包容态度。作为汉文化分支，岭南文化有着长期兼容当地其他民族文化的成功历程，逐渐形成善于吸收异域文化成分的传统，具有包容性、开放性。这使得岭南文化容易吸收包括西方医学在内的西方科学文化。

由于广州历来为商贸大港，当地居民生活在浓重的商业文化氛围中，受到行商特有的讲实际、重实惠的风习熏染，故而较容易接受先进的西医医术。例如，新豆栏医局开业后，当地人一开始抱观望态度，而一旦发现西医确有医效，立即涌往医局求医。看病的人多到"在凌晨两三点钟就出来了，以确保能尽早赶到医院；挂号比较紧张的时候，他们甚至在前一天晚上就来了，在这儿待上一夜，这样或许就能够保证早晨挂上号了"。

清代中叶后，中国绝大多数地区在专制王朝闭关自守政策的禁锢下沉沉昏睡时，广州作为中国的唯一开放港勉强可以半睡半醒地看到世界各地的来客，因此生活在这里的广州人比中国其他地方的人们较少有排外恐外的意识。这也促使了广州人对包括西方医学在内的西方科学，持有较之当时内地其他地方的人相对开明的态度。

近代以前，已有少量广东人到海外如东南亚等地居住，或到澳门与洋人比邻而居。鸦片战争后国门刚开，岭南就掀起了出洋潮，有的广东人还成了旅居海外的华侨和港澳居民。他们在居住地与家乡间保持一种循环流动状态，大批广东人年少时下南洋（去东南亚）、过金山（去美国），再返唐山（回中国）娶媳妇、养老。这就增加了家乡人对海外的了解，同时也增强了广东人对外来文化的包容性。

鸦片战争爆发后，广州人民虽然抵抗外国入侵非常激烈，西方传教士开办的医院也被怒潮波及，但仍然接受了西方医学。面对鸦片战争以来中西交战中国屡屡战败的局面，广东人最先认识到中国在科学文化上落后于西方，中华民族要救亡图存就必须学习西方，因此学番话、读番书、习洋技蔚然成风，追新求变成为近代岭南风尚。西医是最新传入中国的西方科学的一部分，自然成为岭南一方的显学，当地青年才俊如孙中山、郑士良、康广仁、梁培基、郑豪、陈垣等纷纷学习西医。

四、引入西方医学的经济基础

在近代中国广东引入西方医学的过程中，有着代理中国进出口业务权的广州行商阶层与西方进口商人起到了经济基础与推力的作用。

（一）从事中国对海外贸易的广州行商阶层的作用

清朝康熙年间，清政府授权一批从事海外贸易的广州商人管理广州的外贸。这批商人形成了一个拥有商业特权的商业团体——十三行。它的主要业务是承销外商进口商品，并代为收购出口货物；代外商缴纳关税；代表政府管束外国商人，传达政令，办理一切与外商交涉事宜。因此，十三行既是私商贸易组织，又是代表官方管理外贸和外事的机构。广州所有进出口业务都必须由十三行行商办理，皇家所需物品要通过行商采办，外地商人和一般本地商家则不能直接与外商进行交易。

十三行牌坊

南粤古港

十三行商馆

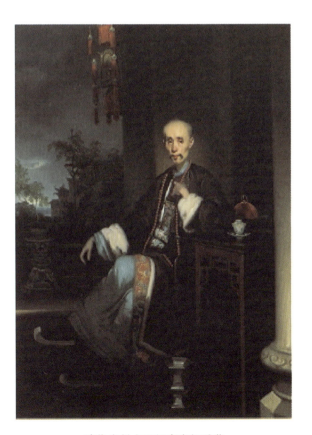

清代广州十三行富商伍秉鉴

第二章　发端于南海海上丝绸之路起点广州的中国近代西医

不同于传统的中国商人，十三行行商已经具有中国现代买办的某些特质。他们一方面凭借中国统治者赋予的特权获得大量财富，为包括西方列强在内的外国的商业活动服务，有的甚至还参与鸦片贸易。另一方面行商自身也受到专制制度压迫。清政府要求行商每年进缴巨额银两，还要捐纳不可胜计的各类费用。他们有时还受到官员个人的索贿敲诈。许多行商因此倾家荡产，甚至坐牢发配。这使得他们对专制制度兼有依附和反对的双重态度。行商对于西方文化的态度，曲折体现出他们不满于压制商业经济的专制制度的复杂政治倾向。

独特的活动领域，决定了这批行商成为当时中国最了解西方政治、经济和文化真实面貌的群体。在一定程度上他们起着沟通中西文化的桥梁与联系者的作用，因此，他们最容易接受包括西方医学在内的西方科学文化技术。西方文化传入中国，尤其是治病救人而得人心的西医在中国传播，有利于中西贸易活动，行商们自然乐见其成，出钱出力相助。中国跨越近代开办的一间西医院，就是由当时十三行的首富伍秉鉴捐巨资助建的。从这以后，在西医机构、西医学校的兴办或西医知识的传播上，都可见到行商通过经济和其他方式所产生的积极影响。

中国本土培养的第一位西医医生关韬（1818—1874），其家族属于当时中国最开放、最了解世界大势的十三行行商的附属阶层，因此没有被当时中国主流社会轻器用、重科举及轻视实际技能的风气所囿。在亦工、亦商、亦艺的家族风气熏染下，关韬对实用的技能、新巧的器具深感兴趣，这为他选择西医职业打下了思想性格的基础，也促使他选择行医为人生目标。他的成功，除个人禀赋天资外，也折射出背后正准备登上近代中国历史舞台的买办阶级前身十三行行商的影响，以及行商对正在进入中国的西方文化的态度。正是从隶属行商之业的子弟中，从广州这方当时中国最开放之地，走出了中国第一批接受西方科学文化教育的新型知识分子。

广州十三行行商积极参与引入近代西方医学，在依托其特殊地位与发挥特殊作用来推广牛痘接种上充分展现出来。

1805年，葡萄牙商人许威特把牛痘"活苗"带至澳门进行接种。嘉庆十年（1865）四月，英国东印度公司医生皮尔逊在澳门接种牛痘成功。同年，他编印介绍牛痘接种术的《牛痘奇法》，由十三行会隆行商人郑崇谦翻译为《英吉利国新出种痘奇书》刊行面世。十三行行商郑崇谦、伍怡和、潘同文、卢广利等重金邀请皮尔逊到广州，在十三行商馆内设立牛痘局宣传推广，共捐银3 000两，当年就有数千名儿童接种。十三行行商为推广牛痘法，培养出了一批重要骨干,如番禺的梁辉,香山的张尧,南海的邱熺、谭国四人。其中,在推广牛痘术方面发挥最大作用的邱熺,被十三行诸商所聘用为牛痘局首任专司。邱熺大力推广牛痘术数十年,总结其多年行医经验,写成《引痘略》一书。洋行的商人便直接让他在洋行会馆专门施种牛痘。为在全国推广牛痘术,1815年郑崇谦在行商公所专设诊所,由邱熺施种牛痘。每隔9天一次,给15～40个儿童种痘,直至皮尔逊返国后仍继续工作。邱熺为数万人施种了牛痘,并向国人传授牛痘术。十三行行商潘仕成于1828年出资购买大批牛痘疫苗,亲自运抵京师,并于宣武门外米市胡同南海邑公馆开设"京都种痘公司",公开施种牛痘,任命邱熺的弟子余心谷医师主理种痘和推广。中国北方大批人士前来学习,邱熺曾经被邀去"都中四传种法"。后来,邱熺之子邱昶继承父业,1862年曾被邀到京传种牛痘。经过邱氏父子两代50余年的传播,种牛痘术从岭南普及至全国。

澳门的东印度公司故址

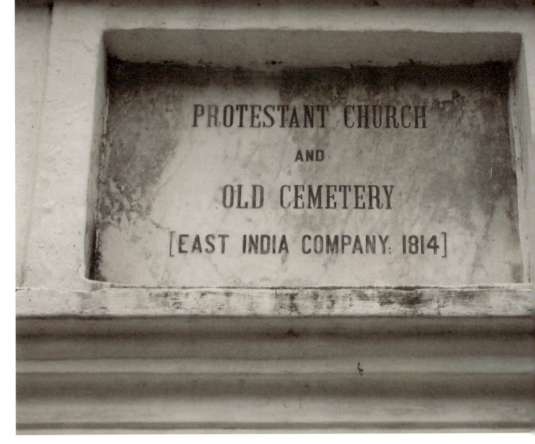

澳门的东印度公司故址门上石匾

1838年,中国第一个医疗卫生团体——中国医药传道会正式创建,成为早期教会医院运营、集资和引进人才的一个独立机关,郭雷枢为会长,伯驾、渣甸、裨治文等为副会长,该会获得了广州十三行行商的支持。十三行行商伍秉鉴作为唯一的中国人,成为此卫生团体的永久会员。

十三行商及由其衍化成的岭南买办阶级全力支持近代西方医学引入中国。

(二) 经岭南对华贸易的西方商人的作用

从事中外经济活动的来华西方船家货主们,大力支持有利于促进与中国人关系、能增添中国人对西方好感的医疗活动。因为这对其在华经济活动的好处显而易见。外国商家对西方在华医疗活动的支持,有力促成了西医传入中国,成为西方医学传入中国的重要经济助力。在华的西方商人及其商业机构为使其商业活动得到医疗保障,雇用医务人员为自身提供医疗保健服务,有时也为当地人提供医疗服务,此举也有利于西方医学传入中国,西方商家自然乐见这种能增进与当地人感情的医学活动,这种西医传入方式面对当地官方与民间的审视时显得合情合理。1699年，英国东印度公司在广州设立商馆。该公司专聘了医生往来于澳门、广州等地，为在华活动的欧洲商人治病和检查身体。牛痘术就由该公司医生皮尔逊在中国试用成功。他们想方设法接近中国人并培养与中国人的感情，以求扩大公司的影响，获取更大的商业利益。他们发现，行医治病最容易接近中国人并受到他们的欢迎，从而使得中国人更愿意为西医在中国传播提供方便。

掌握医术的西方传教士，利用广州繁忙的对外经济活动所必然带来的管理疏漏，随驶往广州的西方国家商人货船来华（建立新豆栏医局的传教士伯驾就是乘此商船来华）。只要不损及商业利益，西方国家商人对医学传教士来华传播医学，十分乐于提供方便。

五、近代中西方科学文化发展差距造成的中西医学发展的巨大反差

在英国开始的西方工业革命，使西方自由市场经济飞跃发展，并带动了包括医学科学在内的西方科学技术的飞跃发展。当时的西方经历的风起云涌的社会大变革、宗教改革与思想启蒙等思想解放运动，引发了思想观念的大革新，也促进了西方科学技术的发展。与此同时，西方医学已基本实现近代化、科学化。

西方各工业国迅速发展起来在政治、经济和科学文化的强大实力并进行大规模扩张。与此同时，中国传统社会制度濒临土崩瓦解，长期封闭守旧的经济、文化和科技体系已远落后于西方，被轻视的医术就更加滞后。随着西方列强洪水泛滥似的军事入侵和经济入侵，中国闭关自守的大门被冲开，西方科学文化也涌进了中国大地，其中西方医疗技术扮演了先导角色。近代西方科学文化飞跃发展与中国科学文化全面落后之间的巨大势差促进西方医学传入中国。近代传入中国的西方医学，已基本实现了近代化、科学化，因其以当时先进的西方科学为基础，在中国人面前展现了不同于且优于中国传统医学的医效，而首先被重实用的广东人所接受，进而被越来越多的国人接受。这是近代西方医学能传入中国并在全国生根、全面彻底重构中国医学体系的根本原因所在。

六、西方传教士在中国传播西方医学中的作用

西方教会出于传教目的，向来采用行医治病的方式，通过联系传教地的

人民沟通与社会各方的关系，以便传教。西方来华传教士也采用行医治病的方式来联系中国各阶层人士。在与西方存在巨大文化差异的中国，医术是外国人最能拉近与当地人距离的方式。明清以来，奉行闭关锁国政策的中国统治者，虽然对西方思想文化与精神宗教的舶来品防范极严，但对西来医术的管控却不太严苛，这就给西医及西医教育在中国留下了生存空间。

宗教传播者们往往有着为信仰克服万难的精神，掌握医学技能的基督教传教士为达到传教的目的，以其坚忍不拔精神在中国传播西方医学。他们大都真诚地将治病救人与救世情怀和宗教对人的关怀融为一体，克服种种艰难险阻开展医疗活动，让中国人接受西医。这是西方医学传入中国的最强的宗教精神动力。

西方基督教教会乘基督教文明强势崛起之时，向东方延伸至中国沿海地区。明清时期，中国大多时候奉行闭关锁国政策，广州成为中国对外交往的仅余之地。经过澳门、驶入虎门、停泊黄埔，最后进入广州成为西方商贸人员及某些外邦使节乘船来华的固定路线，这也是西方基督教传教士来华的必行路径。传教士们也将行医传教活动带到这条路线一带的广东珠江三角洲地区。

清代乾隆二十二年（1757）至鸦片战争期间，广州是中国唯一与国外有商务、船务往来之地，在澳门的外国人未经允许不能随便进入中国内地，而广州成为基督教士最有机会踏足内地的地方，因此，基督教传教士只能利用这里来传播西方医学。

近代前后西方医学传入中国，基本由西方基督教教会及其传教士的推动促成。中国近代以前，天主教会在广东珠江三角洲地区的澳门、广州等地行医及传授医术。后来，新教教会后来居上，传教士在广州行医及传授医术。他们办医院、建医校、编译出版医学书刊。广州最早的西医院及中国最早的西医校都由他们建立，中国近代医学由此而在广州发端。

近代西方传教士在华的行医和医学教育活动，主观上是为西方列强扩张服务，但是传教士在某种程度上的确把西方先进的医学和医学教育方式引入了中国。西方在华传教士介绍西方医学技术知识到中国，培养中国医学人才，在中国建立近现代化的医疗和医学教育机构，对中国医学的发展与现代医疗及医学教育模式的建立都有深远影响，对近代中国医学及医学教育的发端与发展有着重大作用。

鸦片战争以后，随着中国各口岸被西方列强用武力打开，西方医学也由广东辐射至全国。作为西方科学文化的一部分，西方医学就是在广州，在与中国传统文化冲突、碰撞和交融中，促成中国近代医学的孕育和发端。

第二节　近代西医在广州发端传播概况

西方医学自西方海洋文明崛起于世界之时起，就开始经南海之滨广东珠江口传入中国，中国近代西医更是在南粤中心广州发端。

一、西方医术的传入与推广

基本完成近代化的西方医学最早对中国的成功传入是种牛痘术，详情在上文已提到过。主要体现是邱熺编写的《引痘略》，该书叙述了他施种牛痘的情况，记述皮尔逊传授的种痘法，并结合中国传统的经络肺腑理论作诠释，具有中国特色，中国百姓乐于接受，因而传播比较快。以中国传统方式协助传播西方医术是中国早期传播西方医学的一种方式。

基督教教会机构在19世纪初便对华派遣传教士，依附于东印度公司开展活动。1807年，英国第一个遣华传教牧师罗伯特·马礼逊（Robert Morrison，1782—1834年）抵达澳门，在东印度公司工作。不久，主编《印支搜闻》（Indo-Chinese Gleaner），向欧洲报道中国风情。马礼逊受爱丁堡大学校长贝尔博士（Dr. Baird）和英国Hackner园艺公司的委托，调查报道中国百姓的生活习惯、疾病分类、医疗方法以及中草药的使用与鉴别。他与公司的外科医生李文斯敦（John Livingstone）合作，由李文斯敦调查广东地区的疾病分布和分类状况。1820年，他们在澳门设立一家诊所，并配备了中草药，购置多种中医药书籍，聘请当地一位有声望的老中医和一位中草药师傅，在诊所为他们讲解中医中药知识，同时为当地贫穷百姓治病施药。不久便有300多名患者经医治恢复健康，他们对诊所表示感谢。就这样，传教士通过针对中国人的就医习惯，从开办中医诊所起步，探索怎样为中国人治病才能争取人心，扩大他们的影响。这是基督教新教传教士在中国行医传教的先行实践，也是历史上有记载的有规模地从西方医学的视角利用中国传统医学治病的尝试，意义深远。

马礼逊于1823年离华休假，1829年于再度来华途中去世。李文斯敦则

于1825年去世,他通过对广东地区疾病分类状况的调查,认为穷人疾患有两类:①洁净类(Clean),包括盲、跛、聋哑等;②不洁净类(Unclean),包括麻风病等。各种疾病中以眼疾发病率为最高。这项分类调查,对后来的传教医生产生较大影响,如此后的郭雷枢、伯驾等,都首选眼科来开展医务活动。

郭雷枢(Thomas Richardson Colledge,又译哥利支,1796—1879),是一名英国医生。郭雷枢15岁开始在医院做学徒,后毕业于伦敦圣托马斯医院;1819年成为东印度公司驻中国站的外科助理医师;1826年被东印度公司派驻澳门。来华以后,郭雷枢发现,广州和澳门街头盲人很多,而且许多人的眼病是可以治好的,于是1827年郭雷枢在澳门租房子开设眼科诊所,次年将其扩充为医院。作为慈善机构,贫穷病人只要持有公司发放的免费诊治证明,便可免费就诊,其他病人则酌情收费。郭雷枢在华行医期间,共医治了4 000多人的各种疾病,大受病人的赞扬。1828年,郭雷枢离开澳门随英国商行来到广州,并邀请美国医生白拉福(J. A. Bradford)合作开设诊所,医治眼疾、脚疾等各种病症。一段时间后,郭雷枢离开诊所,由白拉福与东印度公司外科助理医生柯克(Cox)管理诊所。该诊所于1834年停办。虽然这间诊所规模不大,但标志着西医传入点由澳门移至广州,西医对中国地域范围的影响更深入更广,西医传播新局面由此打开,这极有利于日后近代西方医学由广州辐射传播至全国。

二、博济医院的创立与发展

1830年,美国公理会国外差会派遣的第一个对华传教士裨治文(E. C. Bridgman,1801—1861)抵达广州。1834年又派传教医师伯驾(Peter Parker,1804—1888)到广州,不久伯驾转赴新加坡学习华语,1835年返穗,得到行商伍秉鉴的赞助,在其新豆栏的工厂内开办"眼科医局"(又称新豆栏医局),设有接待室、诊断室、配药室、手术室和观察室,能容200个病人候诊,规模超过郭雷枢在广州所开设的诊所。1835年11月2日医局成立,于11月4日开始接诊(孙逸仙纪念医院以这一天为其前身眼科医局创立的时间),开业一季度共接待男病人655名、女病人270名。医局初期先治眼病,第一例手术是摘除白内障。中医难治的肉瘤、砂淋、虫胀等病患者纷纷前来求医。由于西医医术卓有功效,且医局免费为贫穷患者治病,因此求医者日渐增加。除平常治疗眼疾和各种病症外，特定每周四为割症日期。原东印度公司职员、在广州开洋行的渣甸（William Jaidine）义务协助施行手术，经济上亦有捐助。该医局是博济医院的前身。

1855年，伯驾转任美国驻华公使，便将医局交由嘉约翰主管。

博济医院与医学传道会结合成一体，成为19世纪上、中叶欧美各国教会派遣传教士到广东行医传教的主要渠道，同时也成为集结传教医生传播和推广西医的实体。西医的推广逐渐获得广东各界的赞许和支持，特别是中国行商与西方商人的大力支持。

博济医院

三、传授西方医学科学技术

传教士在岭南行医，因需要助手，便在当地招收少量青年，采用以师带徒的方式传授一些医术，将他们培养成医务助手。1806年，皮尔逊收授邱熺等4位生徒，教授他们种牛痘术，即是先例。1873年，伯驾在眼科医局收授关韬等3名生徒，教授医术操作及基础理论知识。1840年，合信在澳门医院收授亚忠和亚宾2名生徒，教授医术和神学，并让他们在医院助理医务。1848年合信到广州沙基金利埠开办医院，也收授生徒。1860年，中国第一位到西方学医的黄宽（1829—1878）自设诊所后，收了4名生徒。嘉约翰接掌博济医院后也收授生徒，苏道明即是其高足，1861年和1863年又先后两次招收生徒各3名。1863年9月，英国英格兰长老会派传教医师吴威廉到汕头筹办福音医院并任院长。1874年开始，吴威廉对三位中国医生传授西医知识，此后不定期招收男医生培训，每期培训6年，传授解剖学、药物学和外科手术学等西医学知识。

以师带徒式传授医术，是西医早期在广东传授的主要方式。虽然规模不大，但也培养出了少数高水平的医术专家，如种牛痘专家邱熺。关韬在伯驾

的指导下，很快掌握了睑内翻、翼状胬肉切除、白内障摘除、腹腔放液穿刺等手术，后来更成为中国第一个西医军医，清政府授予其"五品顶戴军医"官号。

四、开办西医校及编译出版西医教材著作

博济医院于1866年创建，作为中国近代第一间西医学校，开始系统授课、见习和实习，传播西方医学，培养医学人才。随后，在广东还陆续开办了一些各种类别的西医学校。

合信医生主持管理金利埠惠爱医院期间，便开始着手将西文医书翻译成中文，对传播西医知识做出了突破性贡献。他得到了广东南海人陈修堂的协助，以《解剖学和生理学大纲》原书为蓝本，编译成《全体新论》。该书于1851年在惠爱医院出版，是近代中国第一部比较系统地介绍西医学识的教科书，因此产生了重大的影响。合信在华二十年间，为中国近代早期西医传播，推广西方医学科学，促进西方医学文化与中华文化融合，将西医融入中国医学的体系等方面，都做出了重大贡献。

嘉约翰自1854年抵广州，于1901年8月在广州去世。从1859年开始，嘉约翰翻译西医书籍，最先出版《论发热和疹》，此后他陆续在博济医院翻译出版医书34种，其中有20多种被作为博济医院所办西医学校的教材。

五、鸦片战争至民国在广东建立的主要医院

广东是近代西方医学传入之地，西方医学传入的最早也是最主要的实体就是医院。最先是欧美国家基督教教会来华传教士，在广州建立诊所医院，然后由此类西医医疗机构呈放射式向内地传播。其间，公立与私立的诊所医院也开始出现。

（一）教会医院

西医的诊所医院最初由欧美国家基督教教会来华传教士创办。

美国教会于1835年11月，在广州新豆栏街建立了一间教会医院——眼科医局。随后，其规模逐渐扩大，成为一间综合性医院。

1898年，传教士医师嘉约翰于今广州市珠江南岸创建中国第一家精神病专科医院——惠爱医院。早期的医院建筑，由嘉约翰设计，采用了外廊式建

筑风格。这种建筑风格,有利于遮阳避雨和通风采光,且还为医院提供了便利的休憩和交通联系空间。医院内设 30～40 张病床,次年正式接收住院病人。

1899 年,美国教会在今广州的西关逢源中约(现在的龙津西路逢源西街)建立广东女医学堂及赠医所。次年,在赠医所的基础上成立道济女医院,1902 年改名为柔济医院,专收女病人,以妇产科见长。

美国教会在广东建立的医院还有揭阳真理医院、揭阳大同医院、德庆惠爱医院、连县惠爱医院、中山同寅医院、阳江福民医院、汕头益世医院、海口福音医院、赤溪大衾麻风院、连县卫华麻风院和罗定博爱麻风院。

1881 年,循道医院在佛山建立,1908 年设病床 50 张,1949 年发展到 150 张。

1883 年,汕头福音医院及揭阳福音医院分别建立。

1886 年,普仁麻风院在北海市建立。此后曲江循道医院、海丰福音医院、番禺罗冈医院、南海循道医院和台山圣心医院又陆续建立。

1901 年,德济医院在梅县建立,1949 年有职工 53 人,病床 150 张,主要医疗设备有 200 毫安的 X 光机等,能开展开颅术、胸廓形成、乳腺癌单纯切除、肾肿瘤摘除、胃切除等外科手术。德国教会开办的医院还有东莞普济医院、东莞稍潭麻风院。

1901 年,约老会派出的第一位传教医师乔治到达德庆。次年初,乔治便在德庆开设第一间西医诊所,他善治疟疾、肠道寄生虫病、眼病、牙病、脓疮等当地常见疾病。该诊所的开设标志着西方医学开始传入广东贫困的粤西地区。1906 年 9 月,惠爱医局建立。

1903 年,法国教会在广州建立中法韬美医院,到 1949 年有职工 52 人,病床 60 张。此外,法国教会办的医院还有汕头圣玛利医院、湛江爱民医院及法国医院、合浦广慈医院、东莞若瑟医院和惠阳若瑟医院。

1908 年,加拿大教会在新会建立仁济医院。

1922 年,日本慈善机构博爱会在汕头市建立博爱医院。

(二) 公立医院

广东的公立医院建立较晚,但随着它们的出现,对广东西医界产生了巨大影响。如中山大学医学院附属医院,其前身为创建于 1910 年的广东公医学堂附设广东公医院。广东公医院并入广东大学医学院,即后来的中山大学,曾更名为中山大学附属第一医院。该医院占地 64 亩,位于广州市东郊

百子岗，共有房舍342间，到1935年已扩充为7科，即内科、外科、儿科、产科妇科、皮肤花柳科、眼科、耳鼻喉科的综合医院。每科有主任医生1人，由该校医学院教授兼任，其下则设助教医生。除诊症室外各设有研究室1所、赠医室1所，还有病房。另有研究室，供各科作学术上研究与病人的一切检验，为本院医生及医学院学生实习之所。医院有诊症室，凡特别诊及门诊均在诊症室内由主任医生诊治。另设有赠医室，每日下午赠医，提供给贫苦病人，对来此就诊者不收诊金。

广东公立医院的发展道路曲折。1938年10月，省卫生处迁往韶关，先后成立4所省立医院。

省立第一医院的前身是省立医院，1940年1月在韶关曲江成立。民国三十四年（1945）1月曲江沦陷，医院一部分疏散到粤北仁化，一部分疏散到东江龙川。抗战结束后，于1945年迁回广州，借潮音街2号为临时办公地址。1946年1月，迁至维新路282号，设病床80张，改称省立第一医院。同年10月，借丰宁路原警察医院为院址，设病床150张，工作人员99人。1948年6月，该院一部分员工及药械迁至汕头，以省卫生处承购的该市博爱医院院址设立分院，1949年后发展成为汕头市中心医院，广州只留下一个门诊部。

省立第二医院的前身是省第一卫生诊疗所，1939年8月成立于曲江，在1944年改为第一临时医院，1946年改为省立第二医院，派驻肇庆高要。

省立第三医院的前身是省第三、五卫生诊疗所，前者在1939年8月成立于曲江，后者是1941年10月成立于韶关五里亭。1944年改组成为第二临时医院，1946年改为省立第三医院，派驻佛山，设病床50张。

省立第四医院的前身是省第三临时医院，1945年成立于曲江。在1946年改为省立第四医院，派驻新会，设病床38张。

1940年，省卫生处开始在各县建立卫生院，区设卫生分院，乡镇设卫生所。民国三十五年（1946）县卫生院发展到197个，病床1 077张，人员744人，区卫生分院188个，乡镇卫生所416个，保卫生员2 400人。1949年，大部分县卫生院瘫痪。

1946年春，国民政府中央卫生署在广州建立了广州中央医院，初设病床160张，1949年发展到170张，职工288人。

（三）私立医院

广东的私立医院多数建于城市。1934年，广州市卫生局统计，广州市的私立医院主要有黎铎医院、纪劬老医院、豫和园留医院、伍汉持医院、德光医院、达保罗医院、邝盘石医院、大同医院、保生医院、福宁医院、妇孺医院和光华医院等。① 1909 年在广州建立的私立光华医学院附设光华医院的规模较大，到 1934 年有职工 58 人，设病床 50 张，当年就诊人数 14 901 人，留医 1 777 人，1949 年设病床 70 张，工作人员 81 人。1949 年，全省私立医院（含教会医院）81 间，工作人员 3 112 人，病床 5 437 张。

1949 年前广州西医医疗机构一览表②

名　称	地　址	成立时间	备　注
教会医院博济医院	仁济路	1835	
爱育善堂	十七甫	1871	由钟觐平、陈次壬等创办，赠医赠药，施种牛痘
润身社	大东门外线香街	1880	由崔心如、董昆明等发起创办，赠医赠药
广济医院	迎祥街（今一德中路）	1895	由吴昌元等倡建，赠医（包括留医）赠药
崇正善堂	十一甫	1896	由朱其英、陈启源等倡建，赠医、赠药
惠爱医院	芳村	1898	由博济医院院长嘉约翰创办，专门收容精神病人。1926 年由市卫生局接办，改名为市立第二神经病院
柔济医院	逢源中约	1899	由美国长老会委派女医生富玛利创办
广州方便医院	城西高岗	1899	原名城西方便医院，由广州绅商及港澳商人、各界同胞集资和募捐创办

---

①　广东省地方史志编纂委员会《广东省志·卫生志》，广东人民出版社 2003 年版，第 311—313 页。
②　广州市地方志编纂委员会《广州市志》卷十五，广州出版社 1997 年版，第 254—259 页。

续表

名　称	地　址	成立时间	备　注
惠行善院	晏公街	1899	由朱沛文、冯彭龄等倡建，赠医赠药
两广浸信会医院	原在南关东石角二马路后迁东山	1901	原名宏济医院，迁东山后改名两广浸信会医院
中法韬美医院	长堤224号	1903	由法国天主教会创办
公安医院中国红十字会广州分会附属医院	同福中路	1904	原名中国红十字会番禺分会福民医院
图强产科医院	中山四路旧仓巷39号	1904	院长伍佰良
妇孺医院	惠福西路，分院在十六甫	1908	由谢爱琼医师创办
教学医院广东光华医院	五仙门关部前	1909	由广东光华医社创办，是广东光华医学专门学校附属医院
广东公医院	长堤天海楼	1909	由广东公医医学专门学校创办
警察医院	南堤	1912	由广东警察厅创办，1917年改为省立广东医院
博爱会医院	南堤二马路，后迁文德路，1942年12月迁仁济路，原博济医院	1916	由日本博爱会创办，1945年停办
广东医院（省立）	九曜坊旧提学司署	1917	1912年划归广州市政厅，改为广州市市立医院
邝磐石医院	东山梳头岗（今东华东路）	1917	由邝磐石医师创办
伍汉持医院	仓边路35号	1918	院长伍伯良
新公医院	百子路	1918	由广东公医医学专门学校创办

续表

名 称	地 址	成立时间	备 注
广州市市立医院	九曜坊旧提学司署，1931年迁盘福路金字湾	1921	
市立东郊麻风院	东沙马路	1921	由原东郊麻风收容所改名
市立传染病院	小北象岗两王庙旧址	1921	
志德婴孩医院	第一津	1921	由陈廉伯等创办，主要收容弃婴及贫病婴孩
珠江颐养院	二沙头	1922	由梁培基医师创办，1938年停办
贫民生产医院	永汉北路	1924	由何香凝发起创办并任院长，收容贫苦产妇
黎铎医院	初在一德路，1934年迁荔湾东路	1924	由黎铎医师创办
光华分院	大东门外造币厂路和尚岗	1925	由广东光华医社创办，是广东光华医学专门学校附属医院
国立中山大学第一医院	百子路	1926	由中山大学接办公医学校后改名（原新公医院）。
国立中山大学第二医院	长堤	1926	由中山大学接办公医学校后改名（原广东公医院）
市立神经病院	东川路	1926	原名复性医院，1927年改名市立第一神经病院
市立第二神经病院	芳村	1926	原名惠爱医院，1926年由市卫生局接办，1935年与市立第一神经病院合并，改名市立精神病疗养院
达保罗医院	官禄路30号	1929	由美国医师达保罗创办
广东卫生疗养院	东山三育路12号	1930	
纪劬劳医院	盘福北路102号	1933	由周贯明医师创办

续表

名　称	地　址	成立时间	备　注
福宁医院	丰宁路	1934	院长陈伟民
粤东医院	广大路二巷6号	1935	
广东仁爱医院	应元路三元宫内	1935	由陈济棠创办的广东仁爱善堂建立，1936年改为市立医院第一分院
第一集团军总医院	西村大韬山	1936	
广州中央医院	惠福西路	1946	院长李廷安
市立公安医院	珠玑路	1946	原址在丰宁路西瓜园
伯多禄医院	同福中路宝岗宝玉新巷2号	1946	由加拿大天主教修女戈是玲创办
周活民医院	丰宁路204号	1946	由周活民医师创办
同寅卫生中心	同福西路137号	1946	
永康产科医院	纸行路81号	1947	由永康助产学校创办
碧澄医院	太平北路	1947	院长姚碧澄
华英医院	先烈南路1号	1947	由基督教华南教区中华圣公会与华南万国医药救济会合办
市立肺痨防治院	盘福路7号	1948	院长李仕政
联合胸科医院	长庚路34号之一	1949	由李仕政等创办
博爱医院	太平沙3号	1949	
市立育婴院	未详	未详	见于1929年《广州市政府统计年鉴》，院长伍智梅
军医院陆军总医院	学宫街	未详	见1929年《广州市政府统计年鉴》，院长温泰华
总指挥部后方医院	文明路	未详	见于1929年《广州市政府统计年鉴》，院长朱兆槐

续表

名　称	地　址	成立时间	备　注
大同医院	初在维新路177号，后迁西瓜园	未详	由谭大同医师创办，见1929年《广州市政府统计年鉴》
仁济医院	高第街新巷	未详	院长蔡惠芬
仁济留医院	河南（今海珠区，后同）龙尾导	未详	院长潘贻戡
保生医院	长寿西路	未详	院长王德馨
互助医院	府学西街	未详	院长梁焕仪
公济医院	河南鳌洲正街	未详	院长李富庄
生生医舍	河南栖栅南街	未详	院长梁憬然
太平医院	太平沙	未详	院长余世武
平民医院	惠爱东路34号	未详	院长罗道生
仲圣医院	龙藏街	未详	院长伍狱
同寅留产医院	河南洲头咀	未详	院长碧基能
何旭初医院	太平南路	未详	院长何旭初
李彦医院	广大路17号	未详	院长李彦
东堤医院	东沙角40号	未详	院长张慕德
青春医院	广大路40号	未详	院长黄孟
保生分院	芳草街30号	未详	院长徐甘树
保生医院一分院	第三甫高第街	未详	院长林德全
针射医院	大南路3号	未详	院长蔡庭桂
陈伯赐医院	惠福中路	未详	院长陈伯赐
冯小璞医院	河南后乐新街10号	未详	院长冯小璞
张楷医院	惠福中路8号	未详	院长张楷
梁少波医院	小北丹桂里8号	未详	院长梁少波
康民留产所	河南溪峡大街	未详	院长何伟卿
广东广护医院	广卫路	未详	院长冯世英

续表

名　　称	地　　址	成立时间	备　　注
广东眼科医院	大南路1号	未详	院长李振强
广华救伤队留医院	惠爱东路（今中山四路）	未详	院长陈国魂
广慈医院	河南同福西路	未详	院长陆如磋
赞育医社	河南歧兴振德直街	未详	院长黄鸾笙
图强分院	大东门外荣华南9号	未详	院长伍佰良
膺伯医院	昌兴街38号	未详	院长李膺伯
泽民医院	靖海路	未详	院长侯泽民
德光医院	光孝路	未详	院长王德光创办

惠爱医院

早期广州市方便医院

嘉约翰于1898年在广州创办惠爱医院收治精神病人

邝磐石医院

两广浸会医院

珠江颐养院

1946年广州中央医院旧址

1949年，汕头福音医院暨岭东高级护士职业学校全体员生合影

六、晚清至民国的广东高等西医教育的兴起

（一）创建夏葛女医校

1899年，富玛利带领3名教师、2名学生，在广州西关存善大街长老会礼堂赠医所筹办广东最早的女医校——广东女子医学校。作为教学施医的基地，学校专门招收女学生。1900年11月，长老会一支会礼拜堂在西关多宝大街尾落成，便借用该堂首层作校舍，广东女子医学校正式挂牌成立。1905年，美国人夏葛捐募款项，在逢源中约建筑校舍，改名为夏葛医学堂，只招女生。

（二）兴办军医学堂

1905年7月，广东设立随营养病院，由两广总督岑春煊电请时任出使日本大臣杨枢，代聘日本医学博士山本三树（原日本金泽医专教授）为随营养病院诊察长，梅田郁藏医师为助手，猪子森明为药剂师。8月，广东开办随营军医学堂，以广州北较场营房为校舍。招收学生分两科，一为速成科，2年毕业；一为本科，4年毕业。山本三树任总教习，猪子森明教授药学。这是继天津北洋医学堂之后，军政当局兴办的西式军医学堂。次年，军医学堂改成独立机构，裁撤各标营医官，选派军医学堂的学生赴各营充当诊察，并增设医药局供给药物，随营养病院附属于军医学堂，作为教学实习之用。1907年，经总督周馥改定军医学堂章程，裁留两科学生，并添招新生，分为甲、乙两班。甲班仍由日本人教授，学习时间延长，3年毕业；乙班则请英国人教授，4年毕业。1908年，周馥另在广州兴办广东陆军医学堂和海军医学堂，使陆、海两军都拥有培养西医军医的学校。

（三）创立光华医学堂

广东光华医学堂于1908年春创立，1912年更名为私立广东光华医学专门学校，1928年更名为私立广东光华医科大学，1929年更名为私立广东光华医学院（在本章第三节详述，此处从略）。

（四）广东公立医药专门学校

1913年2月，北洋政府当局决定，广东、四川和江西已开办的军医学堂均改为公立医药专门学校，划归地方政府办理。原于1905年在广州北较场开办的军医学堂，改组为广东公立医药专门学校。1914年12月经教育部备案，1915年将广东省警察厅管辖的警察医院，改组为广东医院，地址设在九曜坊旧提督府司署，后逐渐扩大规模，与广东公立医药专门学校合并办理。医院作为学校的教学实习场所，委任留美医学博士雷休为广东医院院长兼公立医药专门学校校长，并在城内选择九曜坊旧教育司署东邻（原法政学堂旧址）为校址，从南关回龙桥附近迁来。1917年1月，甲班毕业生经教育部核准在案。1918年乙班学生仅有26人在校上课。当时的校长邓弁华、教务长金曾洵，均毕业于日本爱知医学专门学校。此外，学校有专任教员7人，其中朱宗显、陈昌道、朱浩坤和陈晖成都是留学日本的医科毕业生。学校有西式校舍2幢，分为礼堂、课室、仪器及实验室、学生休息室等。学校不设学舍，学生走读，教职员宿舍与广东医院合用。学校经费为每月740元，另购置仪器临时费2800元，分12个月领足。1921年夏，广东省教育会以该校经费支绌、设备不全为由，责令停办。未毕业的学生分别转入私立光华医学专门学校、公医医学专门学校插班。转入公医的有冼家齐等51人，省府对这些转校学生按标准给予公费补贴。

（五）广东中法医学专门学校

1917年，法国政府以其在广州设立的中法韬美医院为依托，开办中法医科学校，学制5年，由3名法国医生执教，用法语讲课，然后向学生翻译。1920年中法韬美医院改名为广东中法医学专门学校，1927年停办。

（六）中国红十字会广东医学专门学校

1921年春，由肖佛成、邓泽如和胡文灿等发起，创办了中国红十字会广东医学专门学校。该校隶属于中国红十字会，目的是培养医学人才。胡文灿为校董会主席，江学逊医学博士为校长，梁泮生医学学士为副校长。医校设在广州河南（今海珠）和尚岗，以广州红十字会医院为教学实习基地。1921—1929年，先后毕业4届学生共计66人。

（七）其他地区的医科学校

除广州外，广东其他地区的西医教育也迅速兴起。如潮汕地区，1921年，揭西县河婆中华医院院长彭克猷创设医务学校，先后招收男女学生40余名，授以医学、助产、护理等学科知识，为揭西山区输送医务人才。1923年，潮州红十字会医院附属潮州医学专科学校成立，是潮汕地区最早的一所医学专科学校，学制3年，第一期招收医疗专科班32人。1924年2月6日开学，校长为徐天恩。同年，潮城翁厝巷药王宫开办潮安司药生讲习所，所长是蔡幼云。1924年，潮州产科传习所在汕头市商业街成立，所长是杨益之。同年，汕头市礐石外国教会办的益世医院护士长娜秀贞（美籍），以医院为依托创办益世护士学校。

广东高等西医教育从晚清到民国初年有过大发展的局面。1921年，鉴于广东教育事业的兴盛，全国教育会联合会第七次代表大会在广州举行，各医学院校趁势修订章程、延长学制、增加课程内容、改进教学、完善学校的组织机构和管理制度，使办学机制更趋完备，初步建立自己的办学模式，形成了广东高等西医教育的基本格局，展现出基本的发展态势。

1865—1949 年广东高等西医院校毕业生人数①

学　　校	时间（年）	人数（人）
博济医院所办医校、南华医学堂	1865—1911	120
广东女子医学堂、夏葛医科大学	1899—1936	248
军医学堂、广东公立医药专门学校	1905—1921	未详
广东光华医学院（广东光华医学堂、广东光华医学专门学校、广东光华医科大学）	1908—1949	567
广东公医医学堂、广东公医医学专门学校、广东公医医科大学	1909—1925	225
广东中法医学专门学校	1917—1927	97
广东大学医科学院	1925—1926	63
中国红十字会广东医学专门学校	1921—1929	66
中山大学医科（医学院）	1927—1949	713
孙逸仙博士纪念医学院	1937—1949	112
合　　计		2 241

---

① 翁宗奕《广东高等西医教育史》，中山大学出版社1998年版，第86页。

第三节 广东及中国近代西医的发端

近代中国西医的源头,可追溯至1835年建于广州的中国近代第一家西医院——新豆栏医局,后称博济医院。1866年在博济医院内建成的中国近代第一所西医学府,是近代中国最早出现的科学教育模式,从现有掌握的资料看,这也是中国历史上第一所西医学校。1886年孙中山在此学医。这所医校后来发展为岭南大学医学院,与始建于1908年的广东光华医学堂发展而成的广东光华医学院、创建于1909年的广东公医学堂发展而成的中山大学医学院,于1953年至1954年间合并为华南医学院,随后经历了广州医学院、中山医学院、中山医科大学和今天中山大学医科的发展时期。三校在发端与发展过程中互相影响、紧密关联,共同形成广东西医及其教育从开端发展至今的主体,且共同展现出近代中国西医及其教育发端初期的曲折复杂面貌,浓缩反映了中国近代西医及其教育发展成型过程的特点,也展现了中国近代西医及其教育与近代中国的地理、政治、文化、经济、宗教及西方国家之间错综复杂的历史关系。

这三家院校的发端、发展,既展现了广东西医发端形成的主体,整个近代广东西医的医疗、教育、书刊的发行和公共卫生事业的发端及发展都与三校发展史相辅相成,亦呈现了中国近代西医从起源到形成的全部特征,故而以此专节介绍三校从发端到成型的过程。

一、广东及中国近代西医的开端

1935年,美国传教士伯驾在广州新豆栏街建立了一间具有专科性质的眼科医局(又称新豆栏街医局)。新豆栏街医局自开办时起就具有一家现代化医院的元素,是在鸦片战争后国内最先发展起来、最有影响、最完整的综合医院,并于后来易名为博济医院。1866年,嘉约翰在博济医院内建校开班办学,这就是近代中国第一间西医学校。

进入近代以后,西方科学文化中最先进入中国的医学科学,更不受限制地在中国传播开来。以科学为基础的西方医学,给中国医学及其教育传授方式带来了根本性改变，中国医学史翻开了新的篇章。中国医学走向现代化，就由博济医院的建立开始。

（一）从眼科医局到博济医院

鸦片战争前后，西方列强派遣大批传教士来华，西方医学也随之传入中国。广州既是近代中国最早与西方世界接触的前沿地区，也是近代西方医学最早输入的城市。西方国家在广州先后创办了10所教会医疗机构，其中以博济、柔济两间医院声誉最高。博济医院是中国近代首家教会医院，也是中国近代第一所西医医院，它对近代西方医学传入中国起到媒介作用，对中国西医科学和西医教育产生了深远影响。

1. 传教士医师的初期活动

皮尔逊医生为广东百姓施种牛痘，并把施牛痘术传授给当地人，使种牛痘术在广东乃至全国落地生根。西方医学传入广东民间，重实用的广东人又一步步接受了西医，这在一定程度上为西方医学推向中国内地打下了基础。西方医师为中国人行医治病的成功事迹，鼓舞了来华基督教传教士以行医来辅助传教。他们长时间在广东行医及传播医术，西方医学也通过他们首先在岭南继而向中国内地传播。

18世纪末，英国设立了对外传教的基督教教会机构。1807年，英国第一个遣华传教牧师罗伯特·马礼逊抵达广州，在东印度公司任职，并常往来于广州、澳门两地。他和李文斯敦合作，于1820年在澳门设立赠医诊所，聘请中医和中草药师傅，为当地贫穷百姓治病施药，探索怎样用治病方法争取人心扩大教会影响。

1827年，在澳门开设眼科诊所的英国东印度公司传教士医师郭雷枢，于1828年来到广州，邀美国医生白拉福合作开设诊所，诊所至1834年停办。

在鸦片战争前夕，欧美国家教会来华的传教士已经逐渐增加。他们深知以医药为辅助对中国人传教的作用，"当西洋大炮无能为力的时候，他以一把手术刀打开了中国的大门"。这里的"他"，是指美国传教士医师伯驾。他于1834年来华，在澳门、广州等地开设诊所行医，并抓住每一个机会介绍西方的科学和宗教，以扩大西方在中国的影响。伯驾因其在这方面所取得的成就而受到美国及其他西方国家的医学界、宗教界和政界称赞。

1836年郭雷枢发表了《任用医生在华传教商榷书》，主张教会多派传教士医师来华通过医事活动传播教义，并与伯驾、裨治文三人联名，发起成立医学传道会。1838年2月21日，中国医学传道会成立，郭雷枢任主席，伯

驾、裨治文等任副主席。医学传道会是第一个将医学和传教紧密结合为一体的社会组织,在英美有分会。其宗旨是支持眼科医局、鼓励和帮助传教医师来华行医传教。从这时起,传教士在岭南行医传教,就以医学传道会为依托。

传教士经营医院的宗旨是明确的,如在广州成立中国医学传道会时,由郭雷枢、伯驾和裨治文联名签署的宣言称要"鼓励在中国人当中行医,并将我们的科学、病例研究和科学发明等有用的知识,拿出一部分与他们分享。……希望我们的努力将有助于消除偏见和长期以来民族情绪所导致的隔阂。被他们歧视的人们,是有能力和愿意成为他们的恩人的。……我们称我们是一个传教会,因为我们确信它一定会促进传教事业。……利用这样的代理机构,可以铺平通往更高处的道路,赢得中国人的信任和尊重,这有助于把我们同中国的贸易和一切往来,达到所期望的更高地位,还可以为输入科学和宗教打开通道。我们可以表明的第一个利益是,将医学科学移植中国,可能会产生积极的效果。……第二个利益是,以此收集情报,对传教士和商人均有较高的价值。……因为只有这样的场合,可与中国人民交往,可以听到大部分真实情况,回答我们许多问题。……因为一个病人在医生面前,往往是坦诚相见的。"由此可见,传教士医生在中国并非只限于医学慈善活动,还有着宗教、政治、经济等目的。然而,在某种程度上西方医学传教士的确把当时先进的西方医学科学带到了中国。

2. 眼科医局(新豆栏医局)的开办

早在鸦片战争前夜,近代西医已开始传入中国,广州已取代澳门成为西医传播的基地。1834年10月,美国公理会国外差会派传教医师伯驾到广州,此前他曾前往新加坡用8个月的时间学习汉语。清道光十五年(1835)8月,伯驾返回广州,在十三行新豆栏街租一楼房,开办"眼科医局"(又称新豆栏医局)。该楼共3层,首层为地窖,第二层为候诊室、诊室及药房,第三层为手术室以及可容纳2~3人的留医室。后因病人增多,次年春又获当时广州怡和行行商伍秉鉴资助,因此他将租丰泰行7号一座3层楼房作为扩充业务院舍。眼科医局最初坐落在广州城外西南方的外商社区中,规模不小,设有接待室、诊断室、配药室、手术室和观察室等,候诊室可以容纳200多人,病房可以容纳40多人,规模超过1828年郭雷枢在广州开办的诊所,大量医治各科疾病。实际上新豆栏医局已完全超越专科医院工作范围,成为中国近代出现的现代综合医院。这是当时中国具有近现代医院最完备齐全条件的西医院。

1835年11月4日眼科医局开业。开诊初期病人很少，第一天未有人前来就诊，第二天也只有一位患青光眼的妇女来就诊。由于医生医术高明，且免费为贫穷患者治病，因此到医局求医者日益增加。开业后不过17天，病历表就增加到240多张，6个星期内接诊450人，其中包括几位衙门的官员。为使日渐增多的病人能够循序就医、提高效率，伯驾在病人入门后，先派发竹片制成的长方形号牌，随后病人按照号牌上的号码循序进入诊疗室。据说这种已为当今医院普遍采用的挂号制度，就是源自伯驾的这套设计。

眼科医局除平常治疗眼疾和各种病症外，每逢周四为割症日期。据载，在眼科医局设立的第一年（1835年11月4日至1836年11月4日）里，便收治病人2 152人次，其中施行了中国第一次割除乳腺癌手术；一年中诊治的眼病47类，其他病例23类，女性癌症病不治者5例。慕名前来访问参观者，不下六七千人次。到鸦片战争爆发时，经伯驾诊治的病人已有近万人次，而且都是免费治疗。特别值得一提的是，1838年林则徐在广州主持禁烟期间，也曾间接地接受过伯驾的诊治。林则徐患有疝气和哮喘病，曾派幕僚到伯驾处取疝带及祛喘药，并回赠水果等物。伯驾虽未见林则徐本人，但专为林则徐立下一个病历，病历编号为6565（载于1840年的《中国丛报》），这是保存下来的最早西医病历。眼科医局患者的登记内容包括病案的编号、姓名、性别、年龄、籍贯、处方用药、治疗效果、手术种类、手术时间的长短，以及取出的肿瘤或结石的大小等详细记录。

眼科医局有两大特色，首先是以眼科著名，其次它是当时基督教徒的宣教所。第一位中国籍的牧师梁发就是眼科医局的应聘传教士，他创作的"劝世良言"被太平天国运动领袖洪秀全糅合进发动太平天国运动的思想纲领中。

3. 突破因中国人对西医不了解与憎恨外国列强入侵造成的对西医行医的制约

在西方的医学及公共福利模式传入之初，在中国沿海时而有外国人贩运鸦片、武力劫掠、以舰炮轰击中国海域陆地的事件发生，引起中国绅民仇视和愤恨，因此不少中国人对同期出现的外国传教士在各地建育婴室、医院、学堂等善事，也难相信这是出于好意。而基督教的各种礼仪及习俗，更是中国人闻所未闻之事，所以一般国人视之为邪术，有的中国人出于敌视而散布种种无稽且耸人听闻的流言。

西洋外科更为中国人所未闻，国人基于传统"身体发肤，受之父母，不敢毁伤"的观念，无法接受西方开刀的治疗方法。做尸体解剖以明死因，也

是传统中国医学所没有的,因此外科与尸体解剖常因中外观念的不同而存在很大的冲突。福建船政教练克碑在呈法国外务部之文中提到:"教门施医,率用刀圭,但中国无此医法,易启猜疑;以后如遇必须用刀之症,须令病人自愿立据,戚属作证,倘有不虞,便无干涉。至检验病人死尸,大属骇人听闻,应永禁不用。"尽管在这排外、疑外的社会气氛中,伯驾也能以其高明的医术,赢得许多病人的信任,他们白天不敢到洋人的医院,大多数趁着黄昏或晚上前往伯驾的医院,看完病后深夜提着灯笼回家。伯驾以其努力突破中国人因对西医不了解与殖民侵略造成的憎恶,以西医医术为中国人行医施治。

4. 眼科医局的停业及复业

1840年鸦片战争期间,眼科医局停业关闭。1842年伯驾再度来到广州,11月眼科医局恢复业务,此时的医局已不限于眼科,而是综合性医院了。教会医院都设置专职或兼职的神父或牧师,进行宣讲教义的活动。他们每天向病人传教,分送圣书,要求"所有能够走动的病人,连同他们的朋友和仆子,都要去参加晨祷会。……这样做的目的是为了便于传播基督教教义,赢得那些来医院要求解除肉身痛苦的人的好感。传道人说好话和医生行好事是互相配合的"。他们认为,"再也没有比医药传教会所采用的手段和目的更为聪明的了"。

然而,传教士借行医传教的效果并不理想。即使在鸦片战争之后传教已公开化,伯驾利用一切可能的场合、机会和手段向患者传教,但在众多就医者当中,对此感兴趣者仍十分稀少。据曾定期到医局协助伯驾传教的梁发说,三年半时间里被邀请参加礼拜聚会的1.5万多人次中,"真诚研究真理(指基督教教义)的只有三个,而受洗归主的人竟一个都没有"。

尽管传教的效果很不佳,但医局还是坚持开办下来,并且规模越办越大。1844年,伯驾施行了中国第一例膀胱结石摘除手术,在当时这类疾病极为常见的情况下,第一次成功所具有的示范意义是非常大的。1847年,伯驾首次在中国应用乙醚麻醉施行外科手术,麻醉的成功使用更使他在短短几个月内赢得巨大声誉。1848年,在医局进行了中国第一次试用氯仿麻醉法。以上两种麻醉法是在其被美、英等国发现后,次年在中国首次试用。1850年,伯驾又开始做病理尸体解剖术。

5. 博济医局开业

1855年,伯驾担任美国驻华外交官,博济医局由美国传教士医生嘉约翰接办。1856年因第二次鸦片战争爆发,十三行发生大火灾,医局遭焚毁而停办。1858年底，第二次鸦片战争的硝烟尚未散尽，嘉约翰便再度进入广州城，开始了他在中国长达40余年的行医生涯。嘉约翰抵达广州后，即在南郊增沙街（南关）租下一间华人住宅，加以改造和装修成为医院。1859年5月医院重新开业，定名为博济医局。当年门诊量为26 030人次，80张病床共收治住院病人430人。在这所中国早期的著名教会医院里，嘉约翰任院长长达44年（1855—1899）。

博济医局开业后，有了新的改良和进步。1861年，米勒（Miller）医师为肿瘤患者拍摄了第一张医学照片，也是中国第一张黑白照片。

6. 博济医院的定名

1859年博济医局亦称博济医院。由于医院的业务发展迅速，原有病房的容量已经不能供应日渐增多的病人需要。后经中外慈善事业家踊跃捐赠，在谷埠（今黄沙码头一带）购得地皮一块，作为扩大医院规模的新址。博济医局自1863年在新址开始建基，到1866年完工，新院舍可容留医者130余人，10月开诊收治病人，正式定名为博济医院（The Canton Hospital）。嘉约翰特邀广州名医关韬出任该院院长助理，主持院务。同年开设妇女部，是广州专设妇产科之始。尽管博济医院规模迅速扩大，但空间仍十分紧张，当医院空间仍然难以满足病人需要时，医院附近的民房和礼拜堂就被当作临时住院处。

1875年，博济医院施行中国首例眼疾手术；同年，以氯仿麻醉施行中国首例剖腹切除卵巢囊肿术；1892年，该院美籍医生关约翰（John M. Swan）施行的中国首例剖宫产术，在中国近代医学科学发展史上具有重要意义。这一年8月《申报》的附属报刊《点石斋画报》以"剖腹出儿"为题进行图文报道，配文道："西医治病颇著神术，近数年来，华人见其应手奏效，亦多信之。粤垣筑横沙某蛋妇，身怀六甲。至临盆时，腹震动而胎不能下。阅一昼夜，稳婆无能为计，气息奄奄，濒于危矣。或告其夫曰：'是宜求西医治之。'其夫遂驾舟载妇至博济医院，适女医富氏因事他出。男医关君见其危在旦夕，则然动念，为之诊视，谓儿已抵产门，只因交骨不开，故碍而不下，若剖腹出之，幸则尤可望生，不幸而死，亦自安于命而已。其夫遂侥幸万一计，听其剖视。医士乃施以蒙药，举刀剖腹，穿其肠，出其儿，则女也，呱呱而啼，居然生也。随缝其肠，理而纳之腹中，复缝其腹，敷以药，怃之安卧。数日寻愈，妇乃将儿哺乳以归。如关君者，真神乎其技矣。"① 博

---

① 参见《点石斋画报》1892年8月刊中"剖腹出儿"文字报道。

济医院创立百年间,总共为200多万名病人做过治疗,受外科治疗者达20多万人,占总数10%。

博济医院虽在鸦片战争前及战后一段时期的发展水平在全国领先,但总体而言发展还是缓慢的,如1886年建立了手术室,到20世纪初才制定手术室工作常规,1903年才购置可靠的消毒器。按当时欧美发达国家先进医院的标准衡量,医院设备也较简陋。

(二) 博济医院的财务运作

维持医院运作的经费来源,除了医院的收入,主要为中外人士的捐助。值得注意的是,有时中国人的捐款数额还超过外国人。例如1884年中国人捐款925元,外国人捐款800元。到1894年医院大部分经费来自中国人,孙中山也曾为这间医院捐过款。

西方教会在华的医疗事业在20世纪以后获得空前发展,医疗机构成倍增加,规模扩大,并由纯慈善性质明显地转向营利性质或部分收费部分免费性质。向病人收取费用的问题渐渐引起各方注意。教会医学杂志发表了各方教会医生的讨论。少数医生反对收费,理由是他们的病人大多是穷困潦倒的平民,而且现在仍应遵循早期传教先行者开创的慈善治疗原则。主张收费者也有其合理的理由,首先免费治疗不能招来有钱人和有势力的人;其次,即使是免费药物,也未必完全能得到病人的信任。后者得到更多赞同,收费已成趋势。对穷人仍一如以前免费诊病,而且医院的收费普遍较低,所得收入用于机构的日常开支。

(三) 西医教材著作的编译出版

西方传教士明白,要使行医传教事业能广泛进行,必须有大批中国人参与,而要把西医传授给接受的中国人,就必须去除语言文字障碍,把外文医药书籍翻译成中文出版物。这是西方医学文化与中华文化融合过程中的重要环节,也是西医逐步中国化的体现。

合信主持金利埠惠爱医院期间,着手将外文医书翻译成中文。他得到广东南海人陈修堂的协助,以《解剖学和生理学大纲》原书为蓝本,编译成《全体新论》一书,1851年在惠爱医院出版,是近代中国第一部比较系统地传播西医知识的教科书。合信还翻译出版《博物新编》《西医略论》(1857,3卷)、《妇婴新说》(1858,1卷)、《内科新说》(1858,2卷1册)和《医学新语》。当时，这五种书结书集名为《西医五种》，与《全体新论》（1851，1卷）合组成一套比较完整的西医教科书，在中国早期西医传播中起了重要作用。此外，《英汉医学词汇》（*A Medical Vocabulary in English and Chinese*，1858，1册）是国内已知的编译最早的英汉医学词典之一。

嘉约翰在中国共47年，主持博济医院44年。除主持医院工作外，他也致力于编译西医书籍和教材，是19世纪中后叶翻译西医书籍最多的传教医师。从1859年开始，最先翻译出版《发热和疿》，此后主要有《化学初阶》（1871）、《皮肤新编》（1874，1卷）和《增订花柳指迷》（1875，又述于1889，1卷），随后又陆续翻译西医西药书籍34种，均在博济医院出版。1880，他创办我国最早介绍西医西药学的中文期刊《西医新报》。1880年后他还翻译出版了《眼科撮要》《外科手册》（1881）、《内科全书》（1883，16卷）、《体用十章》（1884，4卷）和《妇科精蕴图说》（1889，5册）等，其中有20多种作为博济医院所办西医学校的教材，因此，嘉约翰是近代中国翻译西方医学著述比较多的人。

尹端模（？—1927），又名文楷，广东东莞人，是最早翻译西医著作的华人学者。他进入博济医院担任嘉约翰的助手前，在晚清北洋医学堂求学，也可能是天津北洋医学堂前身，即总督医院附设医学校的学生。尹端模毕业后，先是行医办报。行医以"文楷"闻名，办报及编译则以"端模"署名。他起初在海军兵舰医院充当医官，后来到广州博济医院担任嘉约翰的助手。尹端模一生著撰译述西方医学著作丰富，对在中国传播近代西方医学科学有卓越贡献。在博济医院任助理医师期间，受合信及嘉约翰影响，他努力研习和译述西医书籍，主要有《医理略述》（1891）、《病理撮要》（1892，1卷）、《儿科撮要》（1892，2卷）和《胎产举要》（1893，2卷）。此外，尹端模还与嘉约翰合作完成了《病症名目》《体质穷源》的翻译。1886年，尹端模等创办了《医学报》，这是中国人创办的最早的西医刊物。他还创办近代中国第一份专门性西医报刊《广州新报》，负责近代早期最有影响的西医学术报刊《博医会报》的编务工作。孙中山在广州冼基开设东西药局，邀请时在博济医院的尹端模相助，并以尹文楷之名挂牌行医。孙中山走上武装革命之路后，医局工作就由尹端模独立承担。此外，尹端模还是中国医校毕业获香港行医注册的第一人。

除合信、嘉约翰和尹端模之外，学成回国成为"好望角以东最负盛名之良医"的黄宽，也参加了译书。以博济医院（局）之名刊行的有《体用十章》《内科阐微》《西医内科全书》《炎症略论》《皮肤新编》《妇科精蕴图说》《胎产举要》《儿科撮要》《眼科撮要》《割症全书》《花柳指迷》《增订花柳指迷》《西药略译》《化学初阶》《体质穷源》《实用化学》《内科全书》《病理撮要》《内外科新说》等数十种，刊物除国内使用外，也为日本人所采用。这对西医传播推广和西医教育发展起到了开创性的作用。

1880年博济医局《西医眼科》重刻本

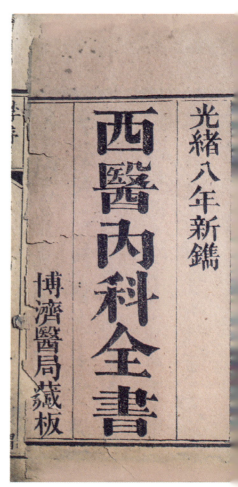

1882年博济医局《西医内科全书》重刻本

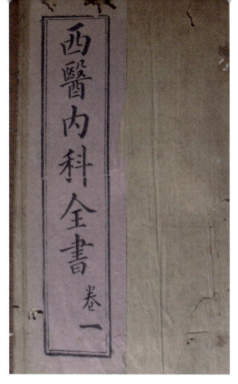

1883年博济医局《西医内科全书》卷一

1884年博济医局《体用十章》重刻本

1886年博济医局《新增西药略释》第2版

1888年博济医局《皮肤新编》重刻本

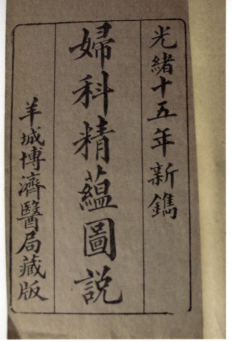

1889年博济医局《妇科精蕴图说》重刻本　　1889年博济医局《内科阐微》重刻本

1890年博济医局《割症全书》重刻本　　1892年博济医局《儿科撮要》重刻本

1892年博济医局《医理略述》重刻本　　1893年博济医局《胎产举要》重刻本

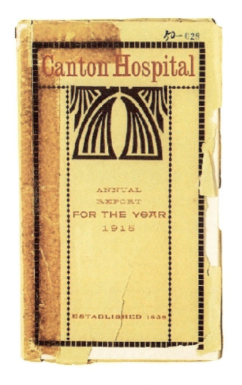
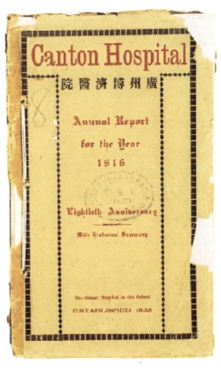

1915年和1916年出版的《广州博济医院年报》

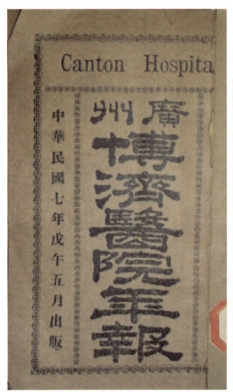
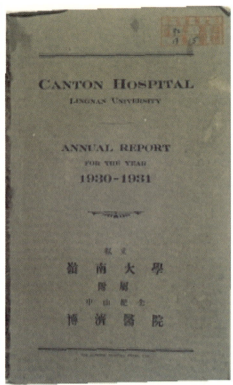

1918年5月,《广州博济医院年报》　　1930—1931年《岭南大学附属中山纪念博济医院年报》

(四) 博济医院在传播近代西医方面的辐射和推广作用

博济医院与医学传道会二位一体,紧密结合,在19世纪上、中叶曾是欧美各国教会派遣传教士到广东行医传教的主要渠道,因而集结了传教士医生传播和推广西医的巨大力量。西医的推广获得广东各界人士大力支持,十三行巨商伍秉鉴从1842年始不收医局房租,还负担医局一切修葺费用。旗昌洋行职员历任医学传道会副会长,1845—1891年任该会司库,从1880—1902年的22年间,无偿为该会提供会议和活动场所,支持西医推广。当时外国派来的传教士主要是医学传道会的成员,也是博济医院的人员。其医学活动范围不限于广州,在广东省内和省外都有他们行医与传授医学的足迹。博济医院就是通过传教士医生及医院培养出来的学生,将西方医学辐射和推广到广东全省和省外其他地区。

当时的广州西医机构,大多是由博济医院与医学传道会繁衍出来的。1848 年,合信在广州沙基金利埠开办惠爱医院。合信受英伦布道团派遣,于 1839 年携同妻子到广东行医传教,先到澳门协助洛克哈特(Dr. William Lockhart,1811—1896)工作,后主持澳门医院。1843 年 6 月到香港开办教会医院,1848 年到广州。惠爱医院于 1856 年第二次鸦片战争爆发时停业,1858 年由黄宽接办复业。医院经黄宽大力整饬和改良,面貌一新,有了较大发展。据当年 4 月的报告显示,医院就诊病人 3 300 人次。1859 年医院得到进一步发展,设病床 80 张,住院病人 430 人次,门诊病人达 26 030 人次。1865 年,惠爱医院归嘉约翰兼管,至 1870 年停办。19 世纪 80 年代,在博济医院工作的富玛利和赖马西两位女医生先后开办四牌楼赠医所、十三铺赠医所、存善大街赠医所。1899 年,嘉约翰辞职离开博济医院,致力于主持芳村精神病医院。同年,赖马西离开博济医院,先后开办明心书院和明理书院,分别招收女盲童和男盲童,施以治疗和训练。同年,富玛利离开博济医院,在广东省城西关创办广东女子医学校,即后来的夏葛医学院。1909 年,医学传道会达保罗医生帮助筹备开办广东公医学堂,接纳了因南华医学堂停办而失学的学生。此后,该学校还接受博济医院医学传道会提出协助公医教授的建议,有 8 位传教士在公医学堂任课。1908 年,广东医学界人士共谋医学自立,发起成立光华医社及筹办光华医学堂,其主要成员中就有不少是博济医院培养出来的医学人才。博济医院对广州西医事业和西医教育的发展做出了重大贡献。这种医院与教会结合的传播西方医学的模式,成为近代中国最早的传播西方医学的方式。这种传播西方医学的方式,也有利于开展基督教的传播活动。

1882 年,博济医院的 6 位中国医生集资,委托旅美华侨罗开泰,在广州仁济西路怡和街开设全国第一家华人开办的西药房——泰安大药房。

由博济医院医学传道会人员在广东省内和省外传播和推广西医的地点包括佛山、三水、肇庆、四会、阳江、澳门、香港、梧州、厦门、宁波、上海、北京、台湾和海南等地。博济医院早期在中国南方传播和推广西医事业中发挥了重大作用,成为中国近代史上最具代表性的教会医院。到 19 世纪末,就教会当时在华医疗机构的大致规模来看,新教下属的大小医院、诊所约 40 余家,天主教下属者也有数十家,主要分布在一些较大城市,但像博济医院这样规模和水平的教会医院尚少。

哥利支医生在中国首次医治患眼疾妇人的情形

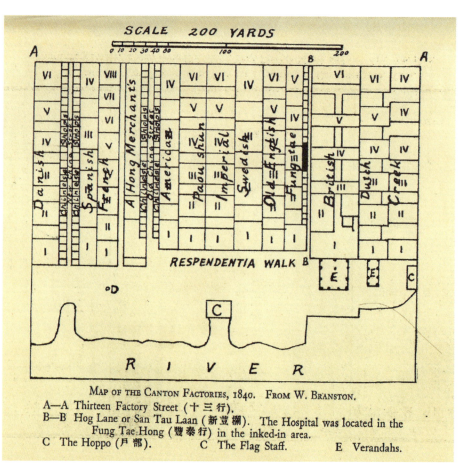

十三行新豆栏眼科医局位置

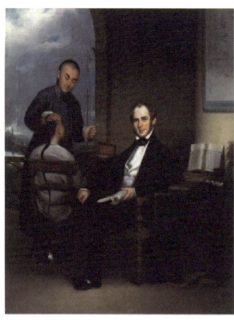

伯驾与关韬（左上）在行医

博济医院长堤大门

博济医院仁济街前门

博济医院石柱，仅存"济医院"三字，现立于中山大学北校区医学博物馆旁

博济医院地界石碑

博济医院的手术室

博济医院X光室

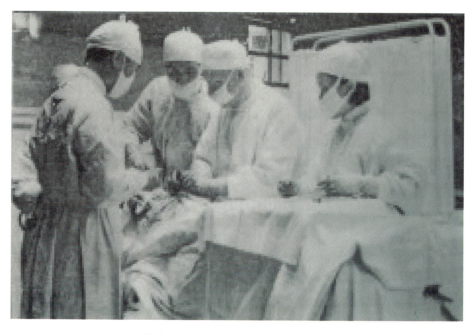

博济医院医护人员在为病人施行手术

乡人踊跃前来博济医院看病的情景

博济医院新院奠基典礼

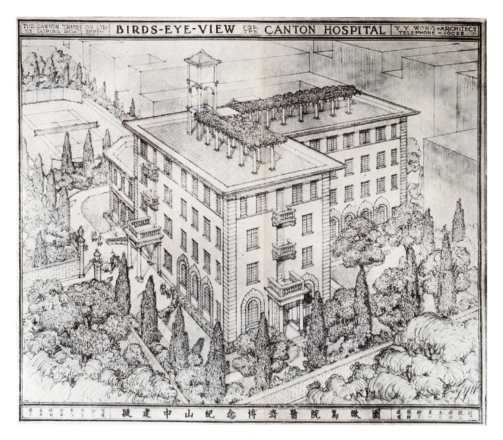

拟建博济医院鸟瞰图

博济医局建筑群，图中后侧为哥利支堂

1934年6月2日，唐绍仪为博济医院新院奠基题词碑

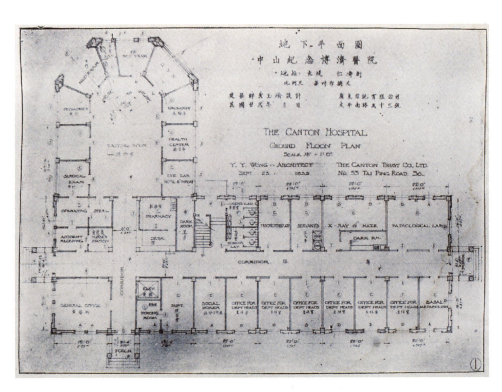

博济医院平面图

1918 年博济医院中外职工合影

1930 年博济医院职员合影

1937年博济医院职工合影

1949年1月,岭南大学孙逸仙博士纪念医学院暨博济医院全人欢送嘉医生回国纪念合影

二、中国医学教育从传统到现代的变革

传统的中、西医教育起初都主要采用以师带徒的形式,而随着知识量的扩大和对医务人员需求量的增加,学校形式的医学教育也相应出现。近代医校教育源于西方欧美,是近代科学技术与思想文化飞跃发展的成果,其教育模式为近代科学教育模式。建于博济医院内的近代中国第一所西医学校,将近代科学教育模式引入中国,给传统中国医学教育以师带徒的传授方式带来了根本性的改变。

(一)中国近代西医教育的雏形

1835年,伯驾在广州开办眼科医局。1836年,他采用以师带徒的方式,训练了3名中国医学助手。他们除做眼科手术外,还兼做外科手术,其中关韬在做白内障手术方面颇负盛誉。嘉约翰收授的苏道明也成为眼科割治专家。此外,合信、黄宽等均收授生徒。为了引进最新的医学技术,伯驾利用每次回国的机会,到处参观医院、遍访名医。1841年初次回国时,他完成了婚事,婚后不久便暂别妻子,花了将近半年时间前往英、法两国,向许多名医请教,考察范围包括医学教育。伯驾培训了一批中国医护人才,前后大约有10人,其中以大弟子关韬最有成就,好几次在伯驾有事外出期间独当一面,病人并不因此而减少。1837年,经伯驾挑选,一些中国青年开始跟他学习医药学和英文,并在医院从事配药以及手术助手方面的工作。

(二)创建中国近代第一所西医学校

博济医局由嘉约翰主管10年,已有相当规模,医局设备好,医师力量强,医疗水平高。经过历届收授生徒,特别是经过1861年和1863年两届生徒培训,医局已经具备开办医学班的条件。因此,1865年,在建院30周年时,博济医院正式办学。博济医院所办西医学校附设于博济医局,首届招生8名,学制3年。黄宽被聘到该校任教,与嘉约翰共同负责教学工作。1866年,中国近代第一所西医学校创建,开始系统授课、见习和实习,传播西方医学,对外扩大招生,培养医学人才。1868年学生增至12人,每逢周三、六进行课堂讲授,周一、五出门诊学习诊治,周二、四在手术室学习手术割治。学生参与医院日常事务、施药、简单手术割治等助手工作。黄宽担任解剖学、生理学和外科学课程的教学;嘉约翰执教药物学、化学;关韬负责临

床各科教学。医校开设第二年,曾在校内示范解剖尸体,由黄宽负责。嘉约翰也曾在院中示范解剖尸体。

博济医院所办西医学校开办初时只有男学生,直到1879年,博济医院所办西医学校应真光女校学生请求,接收了2名女学生入学,从而成为该校招收女学生之始,亦为中国培训女医生及男女同校之始。1885年,博济医院所办西医学校增加讲课和实习时间,充实了教学内容,但学制仍为3年。

(三) 开办南华医学堂

1897年,医学校有男学生25人、女学生6人。同年学制改为4年。西医传播对清政府传统医学教育的影响逐渐增大,如光绪二十四年(1898),光绪皇帝下有谕旨:"又谕,孙家鼐奏,请设医学堂等语,医学一门,关系重大,亟应另设医学堂,考求中西医理,归大学堂兼辖,以期医学精进,即着孙家鼐详拟办法具奏。"1899年,博济医院和博济医院所办西医校交由关约翰主掌。1901年,博济医院成立正规医校,建设独立校舍。新校舍于1902年建成,为广州当时的新式楼宇,命名为南华医学堂。1907年有外籍教师7人、中国籍教师6人,在校肄业学生达50人。1909年春,该校学生反对校方的不合理举措,实行罢课。美籍负责人施行高压措施,开除引导学潮的学生,学生仍坚持罢课,1911年校方将学校停办,1912年正式结束办校。

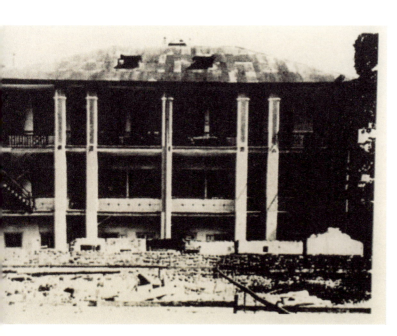

孙中山先生在广州学医时住宿的哥利支堂宿舍

医学院大楼　　　　　　　1935年立孙逸仙博士纪念碑

《博医会报》

第二章　发端于南海海上丝绸之路起点广州的中国近代西医

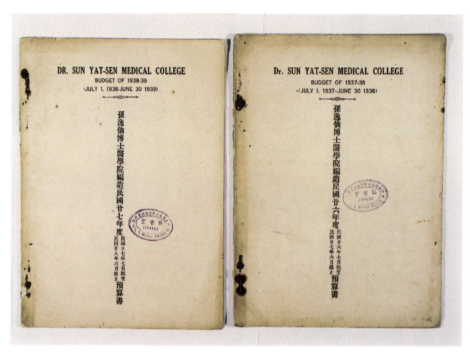

《孙逸仙博士医学院编造民国廿六年度预算书》(1937—1938)和《孙逸仙博士医学院编造民国廿七年度预算书》(1938—1939)

毕业于广州博济医院所办医校的我国早期知名女西医张竹君(1879—1964)

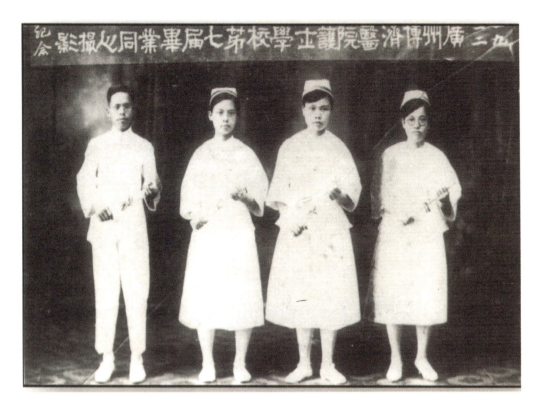

博济医院护士学校第七届毕业同学合影

| 高约翰 | 徐鸿卢 | 池耀廷 | 吴宝臣 | 黄秀山 | 林翰藩 | | 刘硕民 | 禤朗雲 | 左吉帆 |
| 何日华 | 蘇道明 | 梁乾初 | 賴醫生 | 嘉約翰 | 李卓金 | 尹端模 | 梁曉初 | 余獻之 |

博济医院嘉约翰医生及职员学生合影

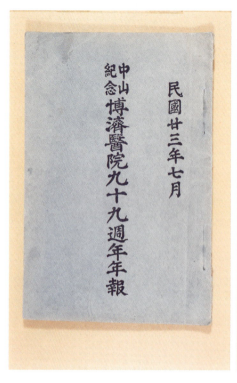

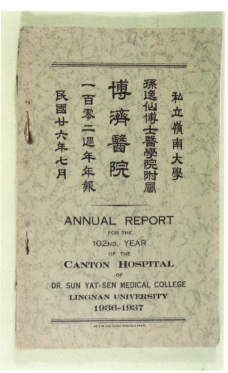

博济医院九十九周年年报　　　　　　博济医院一百零二周年年报

博济医院职工证（上）及工人证（下）

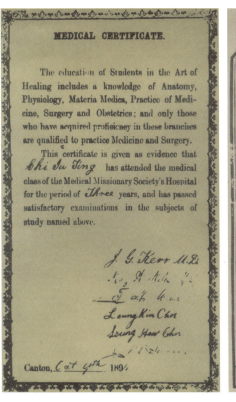
池耀庭的毕业证书英文本（1894年）

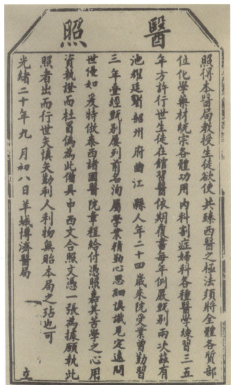
池耀庭的毕业证书中文本（1894年）

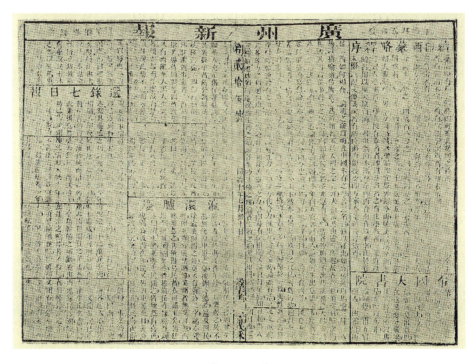
《广州新报》

岭南医学院解剖室

岭南医学院医学会成立合影

孙逸仙博士医学院奠基典礼

Six of the seven first graduates of the Dr. Sun Yat Sen Medical College of Lingnan University. June 22, 1937.

郑 琪	李其芳	王淑姜
Tseng Pok	Lei Kei Fong	Wong Shuk Keung
郑洁辉	夏美琼	吕兆伟
Cheng Kit Fai	Ha Mei King	Lui Shiu Wai

孙逸仙博士医学院首届毕业生合影

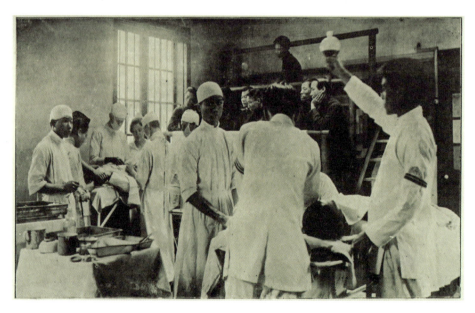

医学院见习生在进行外科见习

1886年孙中山先生以"逸仙"之名在广州学医时的留影

1886年孙中山先生在广州学医处

民国元年（1912）孙中山先生回博济医院时的留影

宋庆龄在孙逸仙博士纪念碑前的留影

孙中山先生学医时的照片

三、夏葛女医学校

（一）广东女子医学校的诞生

广东女子医学校创办者是美国女医生玛丽·富利敦（又名富玛利，Mary Fultan，1862—1927）。她受美国长老会派遣来到广州。1899年，富玛利带领3名教师和2名学生，在广州西关存善大街长老会礼堂赠医所筹办中国早期广东最早的一间女医校——广东女子医学校，以此作为教学施医的基地，专门招收女学生。1900年11月，长老会一支会礼拜堂在西关多宝大街尾落成，便借用该堂首层作为校舍，广东女子医学校正式挂牌。1900年第二届招生3名，学制4年，以粤语授课。1901年建成女医院首座楼房，以捐款建楼的美国纽约布鲁克林教堂的牧师戴维·柔济（David Gregg）的中文译名，命名为柔济医院。

（二）广东夏葛女医学校的创立

1902年，美国人夏葛（E. A. K. Hackett）先生捐款，在逢源中约建设新的校舍，与柔济医院为邻。校舍建成，再捐款建学舍楼两座。为纪念捐款者，女医校以夏葛命名，称广东夏葛女医学校。夏葛女医学校在护士教育方面是先行者，较早建立了附属护士学校。1904年开办看护使学校，美国人端拿（Charles Turner）女士捐款购地建楼，便命名为端拿看护使学校（Turner Training School For Nurses，又译特纳护士学校）。

由于护士工作"侍奉病人，事近微贱，闻者惮之，来学无人"，护士学校开办之初并没有得到多少女性学医者的响应。富玛利知道要使护士职业得到大家的认可，需要尽量提高护士的待遇及地位。"尝竭心力劝人来学，又提高待遇护士之法。适因沙面某西人，尝聘用本校护士，而命其就食于厨下。富氏闻之立召其人归。此后中西人士皆尊重护士，而护士在社会上之位置遂高。然当时习者仍罕。"例如，第一位护士毕业生李凤珍女士是由于患病前来医院就医，病愈之后，在富玛利的反复劝说下才愿意来校学习。

特纳护士学校学制起初定为2年，从1915年起改为3年。开设的科目，第一年有人体学、功能学、卫生学、药科学、护病初级、医院规矩、看护礼法；第二年有卷带缠法、产科护法、揉捏法、小儿护法；第三年有料理大割症、割症之先后护理、五官护理法、剖腹护理法等。学科设置齐全，而且皆有医生讲解指导。一些教会开办的医学院都先后开设相配套的护士学校，但是护士的数量总体还是偏低。根据有关资料统计，到1919年，全国的护士总人数不超过150人，甚至某些医院根本就没有护士，病人纯粹由他们的亲戚或仆人来照顾。特纳护士学校的学生多为广东本地人。据统计，从1906年第一届毕业生到1936年共有27届197人，其中广东本地178人、福建13人、广西2人、浙江、四川、江西、山西各1人。护士学校的创立对于广州地区的医药事业有深远的意义，进一步健全并丰富了广州地区的医学教育的门类。

夏葛女医学校仿效美国医学教育模式，建立自身的办学机制，集医校、医院和护校三位一体，统一管理，具备培养医生、护士及开展医疗服务的整体功能。该院专门收治妇女儿童病人，成为妇产科和小儿科专科医院的雏形。当时医院有病房2座，床位30张，规模较小，设备简陋，妇产科医务人员缺乏，妇产科业务以产科为主。由于封建迷信思想作祟，当时很多人不愿入医院分娩，贫家妇女限于经济能力，住院分娩者更少。据1910年柔济医院记录，全年接产仅有 52 人，院外接产 82 人，难产产妇 38 人，其中较大、较困难的手术多由外籍外科医生施行。学生通过课本、模型、实验和临床见习等方式在课室、实验室、医院及门诊完成学习课程，所修课程逐年增加。1911 年，女医校已培养 9 届毕业生共 44 人，特纳护校培养 4 届毕业生共 12 人。截至 1911 年，广东夏葛女医学校培养了 44 名毕业生。1912 年，孙中山还曾到该校及其附属的柔济医院视察。

（三）更名为夏葛医科大学

夏葛女医学校仿照美国医学教育模式办学、管理学校和组织教学。学校财产全属北美长老会，委托中国南部西差会所选的董事组成董事会管理，由董事会授权教员医生组成的执行部处理学校的一切事务。夏葛女医学校入学标准低，入学学生不必具有高中毕业水平，主要教师均为美国医学博士。

1921 年，由于广东教育事业的兴盛，全国教育会联合会第七次代表大会在广州举行，各医学院校均不失时机地修订章程，延长学制，增加课程内容，改进教学，完善学校的组织机构和管理制度，建立起了自己的办学模式，广东高等西医教育的基本格局初步形成。这一年，受广东的形势影响，夏葛女医学校当局修订章程，改名为夏葛医科大学，学制由 4 年延长为 6 年，预科 1 年，本科教学 5 年，其中第 5 年为实习。

（四）定名为私立夏葛医学院

夏葛医科大学董事会于 1929 年 3 月 10 日召开董事会议，决定从 1930 年起将该校移交给中国人办理，由王怀乐医师出任校长，并向国民政府教育部申请立案。1932 年 12 月准予立案，定名为私立夏葛医学院，同时废预科，改为本科 6 年，实习 1 年，共 7 年。1932 年起兼收男学生，以期扩大医学教育规模。夏葛医学院虽交由中国人管理，但经费由美国长老会控制，实权还是掌握在外国人的手里。

（五）归并岭南大学

夏葛医学院自创办到 1935 年共培养了 31 届毕业生，共 246 人，全是女学生。毕业生分布在全国各地，以及新加坡、爪哇、美国、英国和法国等地。其中罗芳云、关相和、王德馨和梁毅文毕业后在不同时期担任过该院领导工作，成为学校及其附属医院建设的栋梁之材。华南地区的大部分女医生多由此学校培训出来，并为近代中国女性提供了较为全面的医学服务。民国二十五年（1936）7月，该院归并岭南大学，改称为夏葛医学中心，并迁至位于长堤的博济医院内。

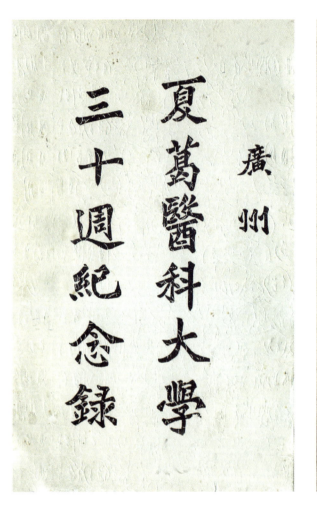

《广州夏葛医科大学三十周年纪念录》

《夏葛女子医科大学章程》

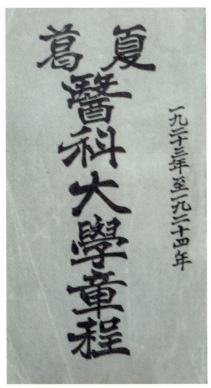

《夏葛医科大学章程》

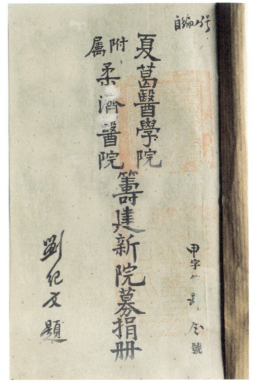

《夏葛医学院附属柔济医院筹建新院募捐册》

1912年孙中山莅临夏葛女医学校及其附属医院演讲时的合影

1919年夏葛女医学校附属柔济医院全体看护合影

1923 年端拿看护使毕业生

1924 年夏葛女医学校毕业生

1929 年夏葛女子医科大学学生

广州夏葛女医学校

楼下赠医室二楼夏葛学生实验室

美国人夏葛捐款所建医学校

清末夏葛女医学校的女学生

柔济医院大门

柔济医院夏葛学校由东望之一部分

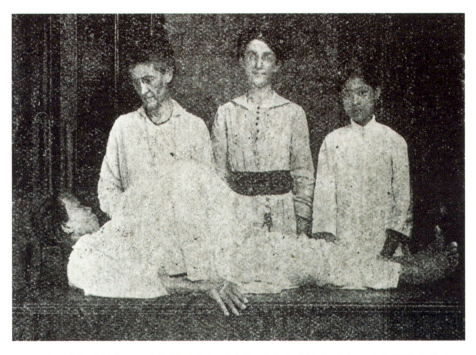

为一名患者施行96磅卵巢肿物切除术前（左为富玛利博士，中为夏马大博士，右为罗秀云医生）

夏葛

夏葛-端拿看护学校毕业生

夏葛女医学校看护

1919年夏葛女医学校毕业生

夏葛女医学校的胚胎学模型

夏葛女医学校学生在实验室做解剖实验

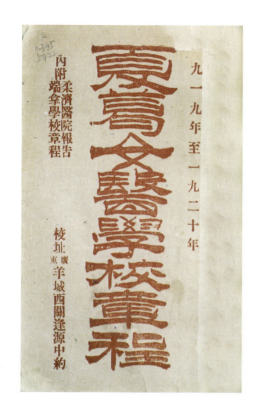

夏葛女医学校章程

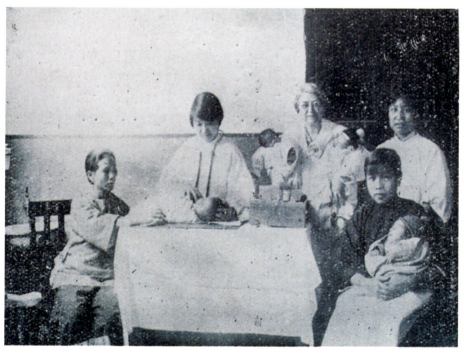

夏葛医学院儿童卫生门诊

（六）现代女医群与现代职场女白领群的出现

从 1879 年博济医院所办西医学校接收 2 名女学生入学，为中国培训女医生及男女同校开始，到 1899 年，富玛利带领 3 名教师和 2 名学生，在广州西关存善大街长老会礼堂赠医所筹办广东最早的一间女医校广东夏葛女医学校，作为教学施医的基地，专门招收女生。一个受过现代化高等医学教育系统教育培养的现代女医群体与现代职场女白领群体，开始出现在广州。她们造福当时由于受传统束缚难于接受现代治疗的中国妇女，也为这一现代女医群体与现代职场女白领群体本身赢来了较高的社会地位，也奠定了厚实的经济基础。这对于千百年来受"三从四德"传统男权束缚的中国妇女的解放有重大深远的意义。

四、岭南大学医学院

岭南大学医学院，即孙逸仙博士纪念医学院的建立，始于嘉约翰于 1866 年在博济医院所办西医学校。

（一）收回教会学校的教育权

1929 年 8 月 29 日，教育部颁布《私立学校规程》，私立学校立案后受主管机关的监督和指导，其组织课程及其他一切事项，须遵照现行教育法令办理。学校如为外国人所设，必须由中国人任校长；如为宗教团体所设，不得以宗教科目为必修科，不得在课内作宗教宣传。多数教会学校开始照此条例执行。

（二）筹办岭南大学医学院

1930 年 6 月 2 日，医学传道会举行年会，决议将博济医院转交岭南大学接办，此决议为岭南大学所接受。接办之前，岭南大学于 1901 年至 1912 年，就曾办医学预科，1914 年又成立护士学校。移交手续于 1930 年 7 月 23 日正式举行，博济医院的全部财产和所有权由广州医学传道会（Canton Medical Missionary Society）移交岭南大学校董事会，医院归属"岭南大学医学院（筹）"。国民政府批给建筑及开办经费国币 50 万元，每年补助经费 10 万元。

1934 年岭南大学董事会提出，孙逸仙博士与博济医院有密切关系，以其生前对博济医院的关怀，有必要纪念其功绩。成立孙逸仙博士纪念医学院筹备委员会，推举了孙科、孔祥熙、褚民谊、何东、黄雯、黄启明、金湘帆、林逸民、钟荣光诸先生为委员；再设立计划委员会，以刘瑞恒、赵士卿、伍连德、林可胜、黄雯、王怀乐、陈元觉、马士敦、胡美诸先生为委员。1934年，医院旧病房实行大改造，在医院后新建了一座4层楼房。1934年6月，博济医院在原址扩建的一座占地面积为854平方米、混凝土构造的4层大楼落成启用。至1937年1月全部竣工时，南面已加建6层楼房1座。原4层大楼亦加至6层，地下层为院长室、注册室、事务室、会议室、大礼堂、图书室和阅览室等；5楼解剖学科；4楼生理学科和药理学科；3楼病理学科和细菌学科；2楼生物化学科和寄生虫学科。每科均设有授课室、学生实验室和教员研究室及办公室等。天台建有小型动物室，供饲养实验动物用。

1935年11月2日，博济医院成立100周年暨孙中山开始学医并从事革命运动50周年纪念活动举行，由孙科主持，为"孙逸仙博士开始学医及革命运动策源地"纪念碑揭幕和"医学院大楼"奠基举行仪式。当时黄雯任院长，有教授6人，副教授6人，讲师12人，助教15人，学生87人。中华医学会以博济医院为中国西医学术发源地，特于11月2日至8日在博济医院举行第三届全国代表大会，以示庆贺。同时，医院也易名为中山纪念博济医院。

（三）孙逸仙博士纪念医学院正式成立

1936年9月，孙逸仙博士纪念医学院正式成立。医学院共有5个系：解剖系（包括组织学和胚胎学）、物理学系（包括生物化学）、细菌学系（包括寄生虫和病理学）、药理学系和公共医疗系。岭南大学医学院一切规章制度，均遵照教育部颁发的章程执行，学制定为本科5年，实习1年，共6年。前三年为基本各科；第四、五年为临床各科；第六年留院实习。第一年基本学科如生物学、化学等，为利用设备完善及师资便利起见，在岭南大学上课，其余均在医学院上课。临床实习分别在博济及柔济两医院进行。公共卫生实习由学院卫生事业部安排。院方称"本年（1936年）一二年级之学生程度，实可称满意；盖该二级学生课目，除解剖学科外，全由岭南大学文理学院担任教授，使学生程度，得以提高；至于解剖学科地址，则以五楼全座拨用，并特聘专任教授两名，助教一名，联同担任；人才极感充足"。

孙逸仙博士纪念医学院所设附属机构有博济医院（有病床150张）、柔济医院（有病床150张）和博济医院内所设高级护士学校（学制为预科3个

月，本科3年，1936年有学生38名）。另有卫生保健机构三处，一处是博济分院（在岭南大学内，有病床20张），一处在广州河南新村，一处在从化县和睦墟。同时在岭南校园内设立了专门为农民服务的赠医所。以上这些附属机构收治的病人为学生临床实习提供了较好的教学条件。

由于夏葛医学院一直与博济医院有合作关系，在博济医院移交给岭南大学后，夏葛医学院也考虑与岭南大学合并。1933年5月合并计划通过，1936年7月1日，夏葛医学院正式将行政和设备移交岭南大学医学院。

1937年3月11日，医学院大楼全部竣工。重建后的博济医院，除了保留它原有的建筑风格，医院主楼为西式建筑，希腊式圆柱，圆环的墙贴面，纪念碑形如利剑直指云天，寓意要将治病救人之愿贯彻到底。

五、广东光华医学院

广东光华医学院前身为始建于1908年春的广东光华医学堂，1912年更名为私立广东光华医学专门学校，1928年曾改名为私立广东光华医科大学，1929年更名为私立广东光华医学院。

（一）光华医学堂的诞生

20世纪初，在中国南方广州，诞生了中国第一所民间集资中国人管理与执教的西医学校——广东光华医学堂。

诞生于20世纪初的光华医社及它所开办的光华医学堂，记录了广东人民外御强权、维护尊严的一段历史，并成为这段斗争历史的产物，同时在西医的教学与医疗领域拉开了自主医权的历史序幕。

1. 建校的时代背景

1901年清政府发动"新政"运动，教育上提倡仿效西方模式兴办学校。1905年又宣布"废科举，兴学堂"，结束已沿用1 300多年的科举选士制度，转从近代新式学堂选才，推动了我国传统教育体制向西方近代教育体制的转变，是中国近代人才培养与选拔制度的划时代变化。"学校"的创立与发展，形成中国近代高等教育的雏形。"新政"期间，清政府颁布了《壬寅学制》和《癸卯学制》，要求在学校系统中设立不同于"国医"的西医学科，分医学门和药学门，并且让外国人享有"在内地设立学校，毋庸立案"的权利。此后，外国教会来华大办医学校，在西医教育界占统治地位。

光华医社及其所开办的光华医学堂建立以前，西医教育在我国的传播方式有两大类型：一是西方教会到中国办学授课，如1866年在广州创办的博济医院所办西医学校，属于"外办外教"型；二是清政府兴办，聘请外国人管理、执教，如1881由直隶总督李鸿章在天津创办医学馆，1905年在广东办的随军医学堂，均属于"官办外教"型。这两类西医学校均由外国人主持，使用外文教材和外语进行授课。

2. 地缘与文化条件

广东地处东南沿海，19世纪中叶以前，广州是中国唯一对外通关、通商口岸，得西洋风气之先，西方医术的传入也因此得其便。1805年广州流行天花，西方的种牛痘术首次在民众中显示其作用，广东人较早地认识到西医的长处。当西医渐显其长，本地人逐渐求诊问治于西医，出现了最早的出洋学医之士，如黄宽。在众多出洋学子中，还有后来首任光华医学专门学校校长的郑豪博士。他早年在美国半工半读完成西医学业，1904年获得加州大学医学博士学位，考取三藩市行医执照，成为美国加州第一位华人西医。

广东是西方列强来华的最早登陆之地，列强开始从这里入侵中国时，广东人民进行了中国民众中最早的抵抗，形成了广东人抗击外敌的斗争传统。学习包括医学在内的西方科学以实现民族自强成为当地风气，加上当地受过西医教育的人渐多，这一切促使一种新的西医教育类型先于全国各地在广东出现。这就是不同于"外办外教"和"官办外教"的第三种西医教育类型——"民办自教"型西医学校。

3. 广东光华医社的建立

1907年冬天，英国人经营的来往广东与香港之间的佛山轮船上，发生了一起英属印度警察踢死中国工人的命案，肇事方草菅人命，声称死者是因突发心脏病身亡。死者家属与民众要求讨回公道，清政府不仅不为民众做主，反而用强力禁遏民愤，让凶手逍遥法外。"佛山轮命案"犹如一束导火索，点燃了民众长期积压的怒焰，激发了爱国人士的决心。广州医药界和工商界一批爱国人士行动起来。医药界的陈子光、梁培基、郑豪、左吉帆、刘子威、陈则参、叶芳圃、王泽民、池耀庭、伍汉持、苏道明、刘禄衡、高约翰、黄萼廷等；工商界的沈子钧、邓亮之、游星伯、冯伯高、金小溪、罗炳常、邓肇初、梁恪臣、左斗山、梁庭萱、梁晓初和谭彬宜等，为了在医权上维护民族尊严的共同意念，集合在广州天平街刘子威牙医馆，共同商议用民间的资源和力量创办西医学校的大计。这时他们将要做的，是一件在中国近代史及中国医学史上具有开创性意义的大事——中国民间人士自发组织起来，在自己家乡兴办西医教育和西医医院。

　　与会者一致认为，"生老病死，为人类所不能免，而救同胞疾苦，国人实责无旁贷"。大家即席决定倡办医社，起草章程，向社会广募有识之士为社员，筹募资金，创办"民办自教"的西医院校。"故本社创办医校、医院之主旨，乃本纯粹华人自立精神，以兴神农之坠绪，光我华夏，是以命医社之名曰光华"。

　　1908年初，医社章程面世。首条宣示由"人民组织，办理医院以救济民疾，办理医校以培育医材"，定名为广东光华医社。医社实行"当年值理"和"总值理"制，自愿入社的社员都是"倡建值理"，从中推举40名"当年值理"，再从中推举10人为"总值理"，以扩大对社会的影响。是年，绅商易兰池等10人担任首届总值理，推举梁培基为医社社长。

　　光华医社主办的医学堂和医院同时在1908年春开办，医社的总值理们推举郑豪博士任医学堂校长，同时聘请陈衍芬医生主持教务，并兼任医院院长。

　　此时，担任光华医社社长的梁培基（1875—1947），已是华南地区知名的制药专家。他1897年毕业于博济医院所办西医学校，留校任药物学教师。同时，他还自办医疗诊所，开始职业医生生涯，并从事药物研制，探索中西医药结合的治病之道。1902年，他筹办了制药厂。他研制生产的"梁培基发冷丸"，有效医治当年在华南地区猖獗流行的疟疾，成为家喻户晓的抗疟疾名药，在广州制药界开了中西药结合制药的先河。他以务实的态度和行动关注民众疾苦，解救大众于病痛，深得大家敬重。他接任后，不负众望，推动了光华医学堂和医院的创建与发展。

　　担任医学堂首任校长的郑豪博士（1878—1942）少年时生活在美国夏威夷的亲戚家，在半工半读中度过了青少年时代。他在美国获得西医执照后，次年即回到祖国，来到广州担任清政府所办的广东陆军军医学堂的总教习，在西医教育领域实践他"科学救国"的理念。1906年，他代表中国政府卫生界，出席在挪威召开的国际麻风病防治研究会，并发表演讲。1907年广州发生"佛山轮命案"之后，他和广州医药界、工商界的民间爱国贤士联合起来，为中国人夺回医权而积极倡办医社，同时他欣然接受医社的推举，义务担任光华医学堂校长之职。他任职23年，主持校政，培育医材，却从未支取薪酬，直到1929年因患肝病才卸任。

　　陈衍芬医生是香港医学堂的首届毕业生。毕业后在香港那打素医院和何妙龄医院任主任医生，入息丰厚。接到光华医社董事会聘请后，他"应谋医学自立之旨，毅然辞职回粤就聘，以冀得其志耳"。接任医学专门学校教务兼医院院长后，他以光华作为终身侍奉之地，在1908—1945年光华历经沧桑的38年里，始终悉心管理，从未言退。

4. 自主医权

光华医社"兴神农之坠绪，光我华夏"的号召一提出，迅即得到社会广泛响应，很快就有435人自愿参加医社。他们按照医社规定，作为倡建值理，"每人均捐白银20元，作为开办费"。众人捐钱垫款，定购位于广州五仙门内关部前的麦氏的七间大屋，作办校建院之地。屋主麦楚珍原来以二万两白银出售，得知医社将用于施教济医，"特愿割价四千两银，以作为义捐"。

光华医学堂的教学，从开办起就完全按照西医教学模式进行。学制4年，与当时其他医校不同的是，由中国教员采用中文课本授课。课本"由热心人士翻译。当时的外科由布罗卡负责，内科由欧氏负责。翻译后自行编印"。课程也按西医教程设置，"基础课主要有解剖学、化学、生物学、生理学、细菌学、心理学、寄生虫学、物理学、神经学、药理学、全体学和国文等（后增设德文、法文）。实习课主要有内科、外科、儿科、妇产科、五官科等"。

由于光华医学堂的民办性质，教学与医疗设备的经费需自筹，医学堂的教学和医院的医诊工作，主要由医社倡办人和支持者中的医师、专门科学人才义务担任。他们大都是早年专学西医，掌握了近代专门知识的一代中国人，如郑豪、陈子光、左吉帆、叶芳圃、刘子威、刘东生、陈则参、池耀廷、梁晓初、梁培基、王泽民、雷休金、曾询、祢翻云、李次董、王泰民、李镇、刘禄衡、曾恩梅和李德如等。郑豪校长的夫人李丽洁女士在加州大学毕业回国后，也加入到为光华医学堂义务教授英文的老师行列中。

1908年3月1日，中国第一间"民办自教"的西医学堂开学。光华医学堂开始上第一课，首批学生59人。其中，有以陈垣为代表的二、三年级医学插班生17名。他们原是外国教会医学堂的医学生，为支持光华医社维护民族尊严之举，毅然退学，转读光华医学堂。

光华医院同时也向城区的民众赠诊赠医，服务社会，回报大众。

1908年7月23日，光华医学堂获得清政府两广总督部堂批准立案。同年11月15日，举行开幕典礼，"开幕之日，政绅商学报各界，士女云集，华人承应提倡新医学之呼声，高唱入云，声闻遐迩，识者韪之，顿令社会耳目，为之一新"。

这间医校有一件在当时还很新鲜的事，即男女同校同学。在当时中国国

内,光华医学堂是实施男女同校较早的一家医院。虽然博济医院所办西医学校在1879年已招收女学生,但是在20世纪以前,中国的教育制度上从未包括对女子的教育。"1907年(清政府)学部奏定《女子师范学堂章程》和《女子小学堂章程》,正式将女子教育纳入新学制系统。这是废除科举后我国普通教育发展所取得的一项重要成就"。光华医学堂在开办的第二年(1909)正月,兼开女生班,地点先设在新城谢恩里,后迁往素波巷新街。1910年,女生班归并于医校内,实行男女同校。这在当时中国人主办的医学堂里是先进之风。

随着教务与医务的开展,所需仪器装备日增,但建设新式外科手术室的款项尚无着落,于是医学堂员工和学生组成话剧队,自编剧本,登场献演,筹款建设。根据陈衍芬的记述,"忆当时所编剧本,如《风流孽》《钱为命》等剧,改良时俗,痛下针砭。而扮演之者,复惟妙惟肖,风靡一时。其时学生之表同情于本校之旨者,于此可见一斑"。1912年,购买麦氏大屋的垫购款和加建病房欠款到期需付,光华医社热心人士于工作之余,结队向广州城内的商铺沿户劝捐,款项才得以筹足。为回报民众,当发生灾情和流行病时,他们组成"广东光华医社救伤队",主动承担社会上的疾病抢救工作。

光华医学堂的师生由于有争自主医权的共同目标,同心同德,为办好医学堂释放出巨大的热情与智慧。他们在办学送医的同时,还通过讲座、办报和出刊的方式,向民众宣传西医与防病知识,探讨中医与西医的不同与相通之处。创办于1908年的《医学卫生报》,"由梁培基出资,潘达微绘画,陈垣撰文,介绍医学卫生常识,使民众能注意防患于未然。又于1910年创办《光华医事卫生杂志》,刊登学术论文,交流医学经验,提高医学水平",办刊共10期。《说诊脉》和《说肾》分别刊在《医学卫生报》的第一、二期,文章介绍近代医学的生理理论,以区分中医和西医对"脉""肾"的不同之说。这在20世纪初,中国民众对西医知识尚不了解之时,无疑是有西医启蒙的意义的。该报第9期发表的《告种痘者》一文还记述当时光华医院"每周礼拜日为群众接种牛痘,并详细记述种痘适宜时间、种痘方法"。

陈垣是光华医社出版的《光华医事卫生杂志》《医学卫生报》的主要撰文人。他出生在医药商家,曾就读于博济医院所办西医学校,因不满外国人对中国师生的歧视,读三年级时,适逢光华医社创校办学,他愤然离开博济医院所办医学校,与几位志向相同的同学转读光华医学堂。他一来到光华,就既当学生,又兼任训育课教师,并在光华办学的第三年冬毕业,成为光华医学堂首批毕业生之一。同期毕业的同学还有梅湛、李博文、汪宗澡、李绳则和李明德。陈垣毕业后，留校任教"生理学、解剖学等课程，并继续研究医学史"。

民国元年（1912），孙中山回到广州。以光华医社的倡办人为主组成的广东医学共进会，组织队伍迎接孙中山。他们是：郑豪、左吉帆、李树芳、何高俊、叶芳圃、池耀廷、高若汉、陈俊干、曾询、余献之、杨香圃、廖德山、陈援庵（陈垣）、雷休金、李自重、梅湛、刘礼、何子衍、梁晓初、谭彬宜、李青茂、汪宗藻、洪显初、梁益、曾光宇、陈子光、陈衍芬、邓弁华、陈则参、李博文、祢翀云和王泽文。

20世纪初由光华医社创办的光华医学堂，打破了外国教会在中国统领西医教育的格局，标志着中国人从此走进西医高等医学教育管理领域。"光华人"举起了自主医权的旗帜，在中国医学史上翻开了中国人办西医教育的新一页。

（二）光华医学院的建设与发展

辛亥革命后，光华医学专门学校步入了25年的建设和发展时期。

1. 建设学校

光华医学专门学校的建设，首先得益于光华医社的改革。1912年，为保证医校的办学经费和扩充发展，光华医社对组织体制进行了改革，将"当年值理制"改为"倡建值理制"，并以12人的董事会代替4人的"总值理会"。"举郑豪、陈子光、陈垣、刘子威、左吉帆、池耀庭、梁培基、梁晓初、陈则参、祢翀云、何高俊、梁庭益等人为董事。而正、副社长，为郑豪、陈子光两君"。1915年在当年董事谢恩禄的建议下，经倡建值理会表决同意，又做了两项改革：一是效仿青年会的办法，每年征招社员，募集的社员费作为医校日常经费，扩大组织和影响；二是按年由社员选举产生董事12人。同年左吉帆、池耀廷分别任医社社长、副社长。这些制度一直实行到1936年。

医社的组织体制几经改革，但历届值理都没有改变"光我中华，服务社会大众"的精神。他们不避艰辛，共谋医社的发展，甚至每月开会后的一顿晚餐，"均各解私囊，从不肯动支公款。其克己为公之处，诚为慈善界所罕见"。

在医社的鼎力支持下，广东光华医学专门学校显现逐年成长之势。1913年，遵照政府的教育法，重新修订学校章程，办学宗旨重申为"合我华人之

力，博采世界文明医学，发展办医学校，造就完备医材以利国利民"。1920年该校修业年限由4年改为5年，增设课程，增加教学内容。同年还开办不收学费、学制3年的护士学校。护士学校的教学则"分预科3个月，本科教学3年，另实习9个月"。

20世纪20年代，广州正处在新的开发时期，市区拆城开路。学校原址的大屋背贴城基，拆城扩路之后，本来就拥挤的医校和医院在面积上更显窘迫。1921年8月27日，学校获得广东全省公路处第480号训令转达"广东省长公署"第11989号指令，"准获本省城大东门外造币厂路之和尚岗地，面积二十八亩余，……为扩校院之用"。这为光华医学校日后的建设与发展提供了极大机遇。

当时位于广州旧城外的和尚岗曾是一片乱葬岗，山冈上密密麻麻布满4 000多个坟包。为清理出建校场地，医社在东郊淘金坑找到马鞍岗作为迁葬地，支付费用，妥善迁葬。为了新校址的交通便利，又于1921年11月，按市价在和尚岗的东、西、南三面购得金氏房屋及地段，计有7亩余。至此，和尚岗的35亩地段成为光华投入建设的新校址。同年7月30日，光华医校在《国华报》上刊登招生启事，招收男女学生于8月25日入学。

1923年，光华医校完成了两方面的建设任务：一是在和尚岗筑建一系列教学用房，包括课室、解剖实习室、生理实习室以及宿舍等17座建筑。光华医校迁入和尚岗分校，扩大招生；二是在泰康路旧址上建四层木砖结构楼宇，主要留作医院，增加病床，添置设备。这些建筑的资金，全靠医社成员和社会友好人士乐助。当时，光华医社副社长熊长卿捐出一万元银圆；南洋兄弟烟草公司总经理简照南捐助二万元银圆；医社的董事祢翻云等，社员中阮镜波等，以及本校毕业生唐太平等也分别贷款；另外加上部分按揭贷款，终于备齐了资金，开工兴建。

也是在这一年，光华医社兴办的修业三年的护士学校，培养出了第一届护士毕业生。她们是邓铭瑶、黄少毅、李惠慈和欧阳志英。

1913年至1926年间，广东光华医校调整修业年限；完成扩大校园面积和校舍院舍的扩建改建工程；实现了增设课程、完善内容的教学目标；增办护士学校并培养出首届护士毕业生。据《广东高等教育发展史》公布的数字统计，这个时期广东的高等西医院校（不含广东省公立医药专门学校）共培养毕业生798人，其中，"夏葛医科大学112人，光华医学专门学校223人，公医医科大学237人"，广东大学医科学院、中国红十字会广东医学专门学校和广东中法医学专门学校各100人以内。当时全省各类西医学校毕业生的总数中,光华医校的西医毕业生约占 28%。这标志着"民办自教"型的光华医校已成为南粤有影响的医学院校之一,与"外办外教""官办外教"型西医院校一起,担负着西医人才培养的责任。

这个时期光华医校的毕业生,大部分以挂牌开西医诊所或在大药房坐诊为主。

2. 教学制度和师资条件

1927 年北伐战争胜利后,南京国民政府成立。在整个社会民族主义意识高涨的形势下,1927 年至 1937 年,广东光华医学专门学校进入规模发展阶段。"光华医学院的教学水平及毕业生资格,均获全国承认"。

1928 年,光华医学专门学校更名为私立光华医科大学,次年更名为私立广东光华医学院。

随着我国中等教育体制的建立与完善,1932 年光华医学院规定将高中毕业文凭作为新生的投考资格。学校的招生简章写道:"集合华人力量,博采世界医学以创办医学院,造就医材,利国福民为宗旨。"投考资格为"曾在公立或已立案之私立高中学校毕业领有证书者"。

学制方面,1928 年由原来的 5 年改为 6 年,其中预科 2 年,本科教学 4 年。1929 年,6 年学制的安排改为先修 2 年,本科教学 4 年,并且准予给毕业生授予学士学位。也是在这一年,光华医学院的 6 年学制里取消先修科,实行本科教学 5 年,实习 1 年的学制安排。

同时,光华医学院也有了一支比较稳定的教师队伍。

20 世纪 30 年代广东光华医学院教职员一览表

职 别	姓 名	履 历
院长	陈衍芬	香港医科大学堂医学学士
教务长	苏言真	上海圣约翰大学医学博士
医务长	戴恩瑞	美国哈华活大学理科学士 美国啫化臣医科大学医学博士
总务长	许逈凡	前任广东省议会秘书长
注册主任	麦少祺	本校毕业
训育主任	倪世清	广东公立法政专门学校毕业
图书馆主任	沈祯雯	广州统计学校毕业

续表

职　别	姓　名	履　历
训育员	李心仪	广州女子师范学校毕业
内科学	戴恩瑞	美国哈华活大学理科学士、美国啫化臣医科大学医学博士
内科学	苏言真	上海圣约翰大学医学博士
外科学	曾恩涛	美国米西根大学文科学士、医科学士
外科总论 外科手术 耳鼻喉科	苏炳麟	日本九州帝国大学医科毕业
产妇科	陈英德	美国欧伯林大学学士、芝加哥大学医学博士
儿科	欧阳慧聪	国立同济大学医预科毕业、德国卫慈堡大学医正科毕业考取医学博士
儿科	罗荣动	上海国立同济大学毕业、德国医学博士
神经学、精神病学、皮肤病学、眼科学	汤泽光	广州岭南大学文学学士、北平协和医学院医学博士
细菌学、病理学、寄生虫学、肛科	戴翰芬	英国爱登堡医科大学 哥顿痔漏肛门专科、圣马痔漏肛门专科毕业
热带病学、卫生学	李焕燊	本校毕业
药物学、处方学	梁　心	本校毕业
调剂学	黄廷羡	美国米西根大学药物学学士、化学硕士
解剖学、胚胎学、组织学	麦少祺	美国米西根大学药物学学士、化学硕士
生理学	杨国材	本校毕业、北平协和医学院生理学修业
生化学	周达仁	美国麻省理工学院学士
物理、化学、英文	朱耀芳	美国纽约省布鲁伦工业学校理科学士、哥伦比亚大学化学硕士
生物学	谢树邦	岭南大学农学学士
法医学	陈安良	国立中山大学医学学士、司法行政部法医研究所毕业

续表

职 别	姓 名	履 历
党义	倪世清	国立中山大学医学学士、司法行政部法医研究所毕业
助教	黎德章	本校毕业
助教	黄天权	本校毕业

学院的课程设置方面日趋完善。根据1935年的"光华医学院各级学科学分表"所示，依序开设的业务课程有：物理、化学、生物、英文、解剖、胚胎学、生理、组织学、药物学、处方学、调剂学、生理化学、细菌学、寄生虫学、外科总论、病理学、内科、外科、法医、皮肤花柳科、产科、妇科、耳鼻喉科、卫生学、儿科、外科手术、眼科、精神病学和热带病学等29门。29门业务课程分5年教授，计有160.5个学分，其中1年级26.5学分，2年级32学分，3年级25个学分，4年级38个学分，5年级39个学分。

1935年广东光华医学院各级学科学分表

级别	一年级	二年级	三年级	四年级	五年级
物理	理论3 实习1.5				
化学	理论4 实习2				
生物	理论2 实习2				
英文	4				
解剖	理论3 实习1	理论4 实习3.5			
胚胎学	理论1 实习1				
生理		理论4 实习1.5			
组织		理论2 实习1			
药物		理论6 实习1			
处方		1			
调剂		理论1 实习1			
生理化学		理论3 实习1			
细菌			理论4 实习2		

续表

级别	一年级	二年级	三年级	四年级	五年级
寄生虫学			理论1 实习1		
外科总论			4		
病理			理论4 实习2		
内科			理论4 实习1	理论4 实习3	理论4 实习4
外科				理论4 实习3	理论4 实习4
法医				2	
皮肤花柳				理论4 实习1	
产科				理论3 实习1.5	
妇科				理论3 实习1.5	
耳鼻喉				理论2 实习1	
卫生				2	
儿科					理论2 实习2
外科手术					理论2 实习1
眼科					理论2 实习1
精神病学					2
热带病学				1	
党义	2	2	2	2	2
学分总数	26.5	32	25	38	39

在此期间，光华护士学校也迁到和尚岗，保持3年学制。护士学校的教师多由光华医校毕业的医生担任。

20世纪30年代私立广东光华医学附属护士学校教职员一览表

职别	姓名	履历
校长	陈英德	美国欧伯林大学学士、芝加哥大学医学博士
教务长	陈婉芬	广东光华医学院医学学士

续表

职　　别	姓　名	履　　历
内科教员	黎德章	广东光华医学院医学学士
外科教员	黄天权	广东光华医学院医学学士
药物学调剂学教员	李德镒	广东光华医学院修业期满、现在附属医院实习
饮食学教员	关乐年	广东光华医学院修业期满、现在附属医院实习
细菌学消毒学教员	潘劲夫	广东光华医学院修业期满、现在附属医院实习兼任河南宏英中学生物科教员
护病学教员兼总护士长	黄兰珍	广东循道西医院护士学校毕业
眼耳鼻喉科教员	梁槐和	广东光华医学院医学学士
育学法儿科教员	陈杰卿	广东光华医学院医学学士
产妇科教员	区昭祥	广东光华医学院医学学士
药物学调剂学体学教员	于家鸿	广东光华医学院医学学士
绷带学教员	黄国廉	广东光华医学院修业期满、现在附属医院实习
伦理学教员	许迥凡	香港皇仁书院汉文师范专科、前任广东省议会秘书长
生理学教员	苏自权	广东光华医学院医学学士
卫生学英文教员	欧阳昌	广东光华医学院修业期满、现在附属医院实习
消毒学教员	余泽民	广东光华医学院医学学士
救急学教员	陈侠生	广东光华医学院修业期满、现在附属医院实习
外科护士主任	魏玉贞	广东光华医学院附属医院附设护士学校毕业
分院护士主任	李心壶	广东光华医学院附属医院附设护士学校毕业

护士学校课程设置完善，开设的业务课程包括：外语、解剖学、护士伦理学、护病学、卫生学、生理学、救急学、消毒法、饮食学、调剂学、内科学、外科学、细菌学、育婴法、儿科学、眼耳鼻喉科、产妇科和绷带学。3年业务课教学时数940学时，其中第一年360学时，第二年300学时，第三年280学时。

光华医社依然坚持每年征集社员的制度，社会贤达陆续入社，使光华的良好声誉更深入人心。入社者有捐金逾万元的华侨（如第九届名誉社员黄容

乐），也有捐一元几毫的平民百姓。医社一一造册公布，精打细算，用于教务。

1930年10月1日，广州市社会局第10号指令，批准光华医社注册，并于11月21日发给慈字第26号执照。

1931年6月30日，泰康路的光华医院也获广州市卫生局批准，发给卫字第11号证书。作为学院教学实习基地的泰康路医院，设备规模与教学相长。院内不但专科门诊、留医部、手术室和检查室俱全，还在1929年添置大型X光机，这在当时尚属罕见。为了筹款17 000元购买X光机，光华的教职员工发扬团结、爱校、自力更生的传统，由大家"分认借款，至少每人一百元、月息八厘，不一月而集足"。使用的所有收入，抽签偿还，"翌年，即全数清偿。"

到1932年，光华医社所开办的光华医学院、泰康路医院与护士学校均已具规模。为理顺关系，以符合高等医学教育的章制，从这一年秋季开始，医社将医院和护士学校附属于医学院，校院合并为医学院。这次教、医、护资源整合，为光华医学院发挥医学教育和医疗服务的社会功能，提供了更大的空间。

20世纪30年代光华医学院附属护士学校教学课时表

课程	外国语	解剖学	护士伦理	护病学	卫生学	生理学	救急学	消毒学	饮食学	药物学	调剂学	内科学	外科学	细菌学	育婴法	儿科学	眼耳鼻喉科	产妇科	绷带学	党义	全年时数
一年级	四十小时	四十小时	四十小时	四十小时	四十小时	四十小时	四十小时	四十小时											四十小时	四十小时	四百小时
二年级				四十小时				二十小时	四十小时	二十小时	二十小时	四十小时	四十小时	四十小时	四十小时				四十小时		三百四十小时
三年级									二十小时	二十小时		四十小时	四十小时			四十小时	四十小时	八十小时	四十小时		三百二十小时

1931年，光华医社开始着手将和尚岗岗顶3亩多地收归名下。光华医社最初获拨和尚岗的28亩地作校址时，山顶的面积未在其中。当时的政府早已将这个山丘中央的3亩3分地划给了辛亥革命时期的第五护国军，留给他们在这里建造忠烈祠。为求医学院的完整设计和全面发展，医社社长梁培基亲自与第五军负责此项目的代表魏邦平会商，最终用光华医社在驷马岗的地皮交换和尚岗的岗顶。这样，包括原获拨的28余亩和自购的7余亩在内，和尚岗的约40亩地完整划入光华医学院的建设版图。

　　1933年11月，光华医社董事会按照标准医学院的格局，请该社董事杨景真工程师重新实地测量和尚岗，定下了一个为期十年的发展规划。已接任医学院院长职务的陈衍芬医生尽最大努力逐一实现了医学院的发展蓝图。

　　从1933年到1936年，学院在和尚岗增建生物馆和药物馆，扩建解剖馆，实验设备与教学设施与日俱增。物理学馆和化学馆也在筹建计划之中。1934年，南洋商人黄陆裕捐建的宿舍楼也坐落在和尚岗的西北侧，为纪念其母，取名"梁雪纪念堂"。该楼分上下两层，房间阳台宽阔，使空气流动清新，采光良好，为修学佳地，用作男生第一宿舍。

　　学院的规模发展带动了医疗服务能力的提高。1927年光华医学院在和尚岗北侧（现广州市第八人民医院院址）建起一座附属传染病院，共设100张病床，在传染病流行季节收治隔离病人。根据1933年的医疗统计显示，该院当年收治传染病人384人次。1929年广州流行天花，该院又在和尚岗南侧搭起简易病房，专门收治天花病人。由于这些治病救人的社会贡献，光华医学院于1934年获得政府拨款8 000元，用于购置结核病实验室设备。这也是光华医学院成立26年以来，首次获得政府拨款。

　　为了满足病人求诊需要，保证150名在校学生的见习教学场地，附属医院还在城区各处逐步增设赠医所。1933年4月在河南（今海珠）的洪德四巷设第一赠医分所，第一年的门诊量达6 321人次。同年8月又于城内的正南路开设第二赠医分所，并且计划陆续在当时城区的东关、西关和沙河等处增设赠医分所。附属医院的门诊分设内、外、妇、儿、五官和皮肤专科，均设有相应的留医病房。另外还有胸科病房、X光室、配药室和外科手术室、妇产科手术室、小儿科手术室等配套设施。

　　光华医学院自成立以来一直没有停止发展。从1908年到1935年，已培养出25届462名毕业医生。这些毕业生大都成为中南地区医药卫生和医学教育的栋梁和骨干。他们有的在北京协和医院、博济医院和岭南大学医院工作（如第24届的欧阳静戈、李大卫，第22届的谭元昌等），有的在市政府

卫生局和市公共卫生人员训练所工作，有的在市立或县立医院工作，有的在两广浸信会医院工作，有的在铁路医院或警察医院工作，也有的开设医院或诊所，还有一部分留校担任教学和医疗工作。

这一时期，附属护士学校培养了10届共79名护士毕业，有力地支持了临床医疗和教学工作。

(三) 光华医学院在抗战中停办与战后重建

1. 抗战时期医学院停办

抗日战争时期，1938年广州沦陷。由于财力所限，光华医学院无法在广州沦陷前完整地搬离战区，因此光华医学院成为日本军机轰炸的目标，学校和附属医院被迫停课，教师和学生四处离散。为了尽量避免高年级学生中途失学，光华医学院在香港设立临时授教处安排教学。陈衍芬院长还利用自己在香港的人缘关系，获得香港数间医疗机构特许，使这些学生能到香港继续如期完成实习。

1941年12月，日军偷袭美国珍珠港，战火燃烧到太平洋的英美殖民地，香港也被日军占领。陈衍芬院长又为学生辗转到非沦陷区的医校借读而奔忙。这种爱护学生与坚持教育的义举，使光华不少学生能在抗战期间完成学业，获得毕业资格，成为合格的医学人才。

为了尽量保护教学财产，光华人尽了最大努力。广州沦陷前夕，医院总务长陈再生组织人力，将医学院重要仪器分装22只大木箱，寄存在位于广州市二沙头的珠江颐养院内，委托当时在颐养院工作的德国医生代为照管。

珠江颐养院为广东近代史上第一家医疗康复机构，由光华医社的倡办人梁培基、左吉帆等人，于1920年联合当时的社会名流创办。该院坐落在广州城郊的二沙岛上，三面环水，绿树成荫，空气清新，景色宜人，极宜康复养息。院内并不设固定医生，进院疗养者可以直接聘请医护人员在院内完成康复治疗工作。广州沦陷后，颐养院停办，只有少数人留守。当时，日军因其与德国的盟军关系，没有进驻和捣毁聘有德国医生的颐养院。光华医学院寄存在这里的重要仪器设备因而得以幸存。1945年抗日战争结束时，这22箱物品就成为光华医学院仅存的物资。

2. 抗战胜利以后，在已成废墟的原校址上重建学校

1945年11月30日，泰康路旧址的1、2楼得以修复。12月1日正式恢复门诊，12月15日收治病人。次年3月，泰康路旧址的3、4楼得以修复，暂作教学用楼，招收新生。1946年3月20日，举行开学典礼。次日正式开

学复课。1946年夏,广州和尚岗校园开始重建。1948年秋,护士学校也在和尚岗复办。

1908年11月15日,光华医社正式开幕时广东省官绅莅临观礼留影

1908年光华医学堂开课后第一次全体员生合影

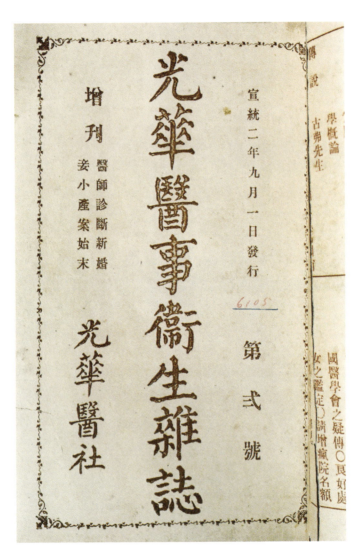

1910年9月《光华医事卫生杂志》

1912年5月12日,广东医学共进会在广州欢迎孙中山先生,郑豪(前排左二)和陈垣(后三排左一)参加并合影。

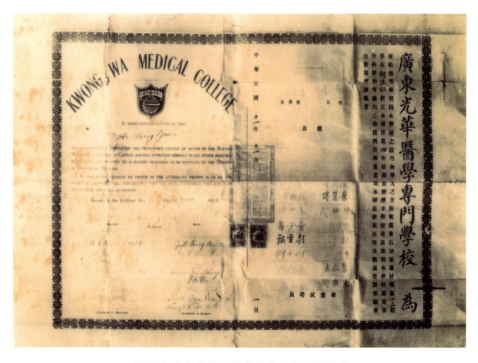

1922年广东光华医学专门学校的毕业证书

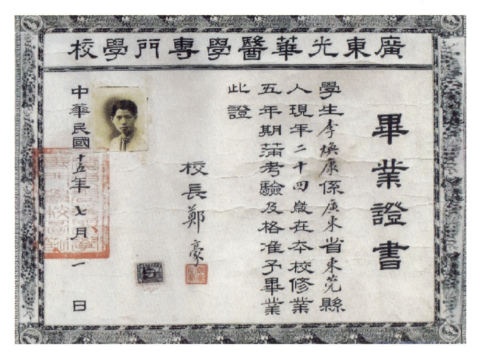

1926年广东光华医学专门学校毕业证书

1935年4月光华医学院学生第一宿舍奠基碑

陈衍芬,1932年11月—1945年10月担任光华医学院第三任院长并兼任光华附属医院院长

20世纪30年代光华医学院教职员工合影

1947年10月立广东光华医学院解剖学馆碑记

1951年光华医学院毕业证书

光华医学院第二解剖室外景

光华医社

光华医学院附属第一分院

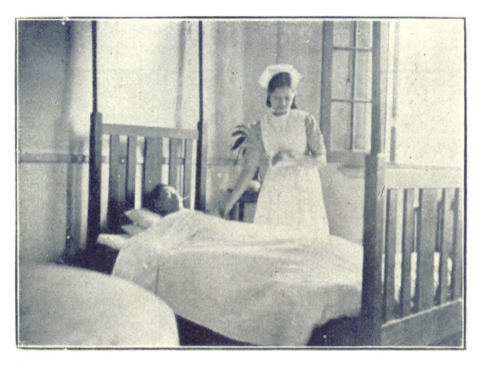

光华医学院附属医院病房

光华医学院附属医院成立41周年暨复员4周年全体医护人员合影

光华医学院附属医院附设疗养院东沙路前门

光华医学院和尚岗的校舍及郑豪校长纪念碑

光华医学院化学实验室

光华医学院图书馆（东室）

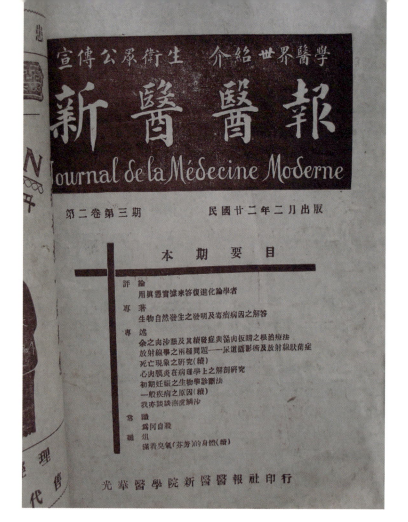

光华医学院主办的《新医医报》

广东光华医学院的院徽

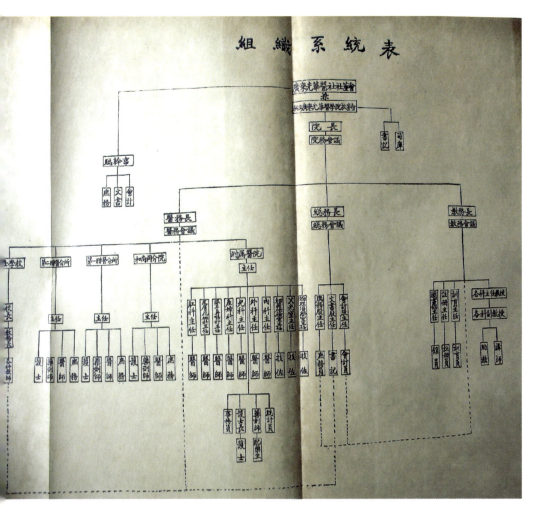

广东光华医社兼私立广东光华医学院组织系统图

广东光华医学院健社成立三周年（1949）纪念全体同学留影

郑　豪

左达明，1931 年秋—1932 年 11 月担任光华医学院第二任院长

梁培基

张勇斌，1946—1949 年担任光华医学院第四任院长

黎启康，1950—1954 年 8 月担任广东光华医学院第五任院长，兼任光华护士学校校长

叶鹿鸣《神经解剖学》

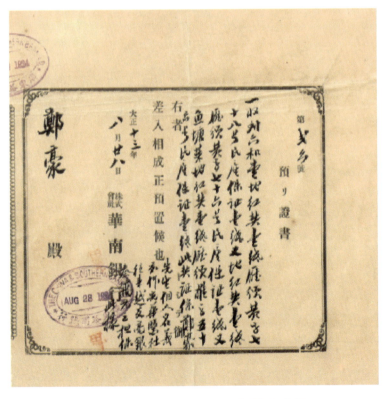

郑豪抵押家产筹措光华办学经费的银行凭据

私立广东光华医科大学

位于泰康路的光华医学院

六、中山大学医学院

中山大学医学院的前身是广东公立医科大学。广东公立医科大学由广东公医医学专门学校改名而成，广东公医医学专门学校原为广东公医学堂。

（一）建校缘起与沿革

1909年春，由于当时美国教会开办的博济医院所办西医学校的学生反对学堂的不合理措施，举行罢课。学堂的美籍负责人关约翰施以高压手段，开除学生冯膺汉、徐甘澍、方有遵等人。若学生坚持不复课，他将停办学堂。未毕业的在校学生面临失学，便组织起来，吁请广州绅商和各界人士相助。清末广东知名人士潘佩如、钟宰荃、李煜堂、黄砥江、李树芬和赵秀石等40

余人，捐募资金，创办了一所医校。

"1909年2月15日，钟宰荃、区达坡、汪端甫、高少琴、廖竹笙、许序东、李璧瑜、陈宜禧、廖继培、刘儒廪、赵秀石、郑楚秀、卢森、李煜堂、易兰池、李若龙、余少常、伍耀廷、区祝韶、苏星渠、黄砥江、梁恪宸、高乐全、李子农、李超凡、李星卫、李子俊、岑伯著、潘佩如、李煦云、钟惺可、黄弼周、李梓峰、黄衍堂、彭少铿、叶颖楚、杨力磋、李惠东、杨梅宾、易尹堂、陈濂伯、关宾国、陈业棠、李庆春、刘英杰、徐甘澍、莫大一、高约翰等校董，于广州西关租借十三甫北约民居创办广东公医学堂。公医学堂的发起人为美国医学博士达保罗，他当时担任博济医院院长。他的学问、道德及办事成绩，久为中外人士所推重，而与吾国人士感情尤厚，常谓吾粤为开通省份。那时西医校院，大都为教会西人建设。而华人公立、私立之西医校院尚付阙如。他亟怂同人集资创办，以为之倡，以补政府之不逮，并愿舍弃权利。将个人私立原有之医院停办，投身华人校院，代为策划进行，务底于成，至一切主权，仍归之华董事局。达君始终但居于聘席地位，事事竭尽心力，担任义务，顾全大体，界限分明，成绩昭著，公医院以是日臻发达。更复减薪资，助巨款，广募中西义捐。同人等感动于达君之苦心孤诣，发起推广，募助巨款。1909年冬，公医学堂租借长堤自理会铺地以作为医校，购买紧邻的天海楼以建医院。有教室3间，可容学生百余人。还有理化学实习室，组织学、病理学、微生物学实习室。由于地方狭小，无寄宿宿舍，于是分租附近各街，第一斋舍设仁济大街、第二斋舍设仁济横街、第三斋舍设潮音街。距离虽属不遥远，但觉管理不够方便。"

"1912年6月，广东公医学堂呈请政府拨给百子等岗之地。百子等岗之地之取得以在百子岗实施诊所为导线，先是同人设施诊所于东川马路之三巩门，赠医施药，以便东关之就近到诊者，同人觅地于此，乃发现百子等岗之地址，遂呈请政府拨给，政府核准拨给蟾蜍、百子等岗。同人遂于1913年2月先用铁枝、铁丝将全岗圈围，以定界线，接着登报广告及派传单着各坟主领费迁坟，限至9月止如逾限不迁，则由本校院代迁等语，计补费自迁者几及3 000穴，由本校院代迁者5 000余穴，用款20 000余元得公地64亩。此外，还购买毗连之土地。此后，新校址用地因社会形势变化而经历了得一失一复得的历程。1916年11月25日，举行新校院建设奠基仪式。1918年，百子岗新校院之落成，面积约100亩。新校院分上下两岗，上岗高于下岗，下岗高于东川马路40余尺，距离长堤本院约6里，大东门约半里。上岗建校舍，下岗建医院。两岗之中，设花园及绒球场。学校之后，设足球排球等场。两岗均已开辟大路，旁植乔木。校舍能容学生300人，医院能容病者400人。竣工建筑4座：（1）教学楼1大座，楼高2层，用地9 600丁方尺。内有合式之实习室6间、每间附设教员预备室、教室2间、礼堂1座、能容500余人，事务室4间、图书室1间、售书室1间、教员会议室1间、储藏室1间、工人住室1间、浴房厕所均备。（2）解剖室1座，楼高2层，用地1 250丁方尺，离学校约400尺，能容学生实习80人，下层暂以为洗衣之用。（3）留医院1大座（原中山医科大学办公大楼），楼高3层。前进另土库一层，用地15 500丁方尺，房室98间，小房12间，系为看护住室及膳室、厨房之用。计开头等留医舍34间，并普通留医舍，能容病床86张，作临床讲义，为学生实习之用。特别手术室1间、普通手术室1间、能容学生80人。附设盥洗消毒器械、施麻蒙药裹扎各室，检验室1间、事务室1间、招待室1间。药物室在第1层之中央，储藏室又光镜室，在第2层之中央，东西医舍之边，每层另室存储医舍日用必需之物。院内冷热水喉均备，凡病人入院，均由土库。先行沐浴更衣，乃入医舍。（4）赠医院1座，楼高2层，用地1 820丁方尺，建在东川马路之旁，离留医院约300尺。内分设内科、外科、妇科、眼耳鼻咽喉科等诊室。及手术、药物、电疗、候诊、阅书各室、浴室厕所均备。4座建筑，所钉楼板楼梯及天花板，均用三合土填成。以上建筑及家具合计费用共需银18万余元。"

广东公医学堂的学制4年，第一、二学年学习拉丁语及医学知识，第三、四学年学习医学课程，从一年级到四年级，都安排有实习。每学年分为3学期，1月1日—3月31日为一学期、4月1日—7月31日为一学期、8月1日—12月31日为一学期。1909年监督（相当于校长）为潘佩如、教务长为达保罗（美国人），教员9人，1911年教务长改为雷休，1913年，潘佩如改称校长。1912—1917年在广州河南（今海珠）鳌洲分设女医校院。1917年，学制改为5年。医校被称为广东公医学堂后，渐多称为广东公医医学专门学校。1924年8月，改称广东公立医科大学，学制改为6年。

国立广东大学成立以后，1925年7月广东公立医科大学并入国立广东大学。当时，广东公立医科大学"经费益增，捐款无着"，拖欠教职员工资半年有余，负债十余万元，学校几乎破产，继而发生密卖教育权之事，该校学生全体群起反对。1925年6月27日晚，校学生会执委会召开会议决定："（一）将公医归并广大。（二）组织公医归并广大运动委员会（即席选举出何仿等14人为委员）。（三）自议决日起全体一致不承认李树芬为校长、陆镜辉为学监，于风潮未解决以前，学校一切报告及文件概无效力。"6月28

日上午 11 时，学生会执委会在全体学生大会上提出上述决议案，结果全场通过。学生列队向国民党中央和国立广东大学校长请愿，受到中央党部陈公博、帅府代表李文范和国立广东大学校长邹鲁的接见，都"表示实行由广大接收该校"。至"该日下午 4 时胡代帅即批令国立广大校长即日派员接收，并声明不准将学校卖与外人"。1925 年 7 月，校长邹鲁派徐甘澍医生前往接收公医，广东公立医科大学并入国立广东大学。1926 年，广东大学改名为中山大学，广东大学医科改名为中山大学医学院。

历任国立中山大学医（科）学院负责人：褚民谊（兼）1925 年—1926 年 9 月；温泰华 1926 年 9 月；许陈琦 1926 年 10 月—1927 年夏；陈元喜 1927 年夏—1928 年 2 月；古底克 1928 年 2 月—1933 年 7 月；马丁 1933 年 7 月—1934 年 7 月；刘璟 1934 年 7 月—1935 年 1 月；左维明 1935 年 1 月—1935 年 4 月；刘祖霞 1935 年 4 月—1937 年 6 月；梁伯强 1937 年 7 月—1938 年 1 月；张梦石 1938 年 1 月—1940 年 3 月；李雨生 1940 年 3 月—1945 年 4 月；罗潜 1945 年 4 月—1945 年 12 月；黄榕增 1945 年 12 月—1948 年 3 月；梁伯强 1948 年 3 月—1949 年 7 月；刘璟 1949 年 7 月—1949 年 10 月；刘璟 1949 年 10 月—1951 年 1 月；柯麟 1951 年 2 月—1952 年。

中山大学医（科）学院内部机构如下：1926 年 4 月 30 日，医科办事处（医科教授会）下设解剖学、生理学、病理学、外科学、内科学、附设第一医院、附设第二医院和附设护士学校。1927 年，医科教授会下设第一医院及护士学校、第二医院、细菌学研究所、生理学研究所、病理学研究所、解剖学研究所和药物学研究所。1932 年，医学院院务会议下设第一医院、第二医院、护士学校、助产学校、细菌学研究所、生理学研究所、病理学研究所、解剖学研究所和药物学研究所。

（二）办学及其特色流变

这所学校医科教育，初期传承了广东医科大学的美式特色，1927 年以后直到 1952 年全国院系调整，医学教育仿照德国模式。

1. 师资与办学及其特色的更革与传承

1909 年，广东公医在创校时，只有苏道明、达保罗、陈则参、高若汉、徐甘澍、莫天一、刘英杰、黄绶诏和钟子晋等 9 名教员。1913 年教员 25 人；1916 年教员 21 人，其中有达保罗、何辅民、嘉惠霖、麻义士、黎雅阁和钟慕洁等美籍教员 6 人。国立广东大学医科较之广东医科大学变化不大。1926 年，国民党元老张静江提出了"现在世界上医学最进步最发达的就是德国"，

"主张全学德国"。1926年4月，同济大学学生转入本校医科，要求增聘德国教授，下学期开始医科学院仿照德国学制。国民政府同意国立中山大学医科增聘德国教授医生。这样，医学的"教师都是请德国的，学制仿德国的，各种制度设备、课程的编订和外国语，都是以德国的制度作标准"。据载，医科"从委员会就职时起，始着手于建设"，"当时几乎只是几座空房子，经过几年的建设，已有相当的成绩"，"这种成绩固然不敢说比任何大学的医科办得好，但是实实在在本国人和外国人都认为本校医科是中国人所办医科中最有成绩最有希望的。"

学校医科于1927年聘请的7位德国学者，分别是生理学教授巴斯勒博士、病理学教授道尔曼斯博士、内科教授兼医生柏尔诺阿博士、妇科教授兼医生伏洛牟特博士、解剖学教授安得莱荪博士、细菌学教授古底克博士和外科教授乌里士博士。医科用德语讲课，采用德国教材，医院设备多从德国购买，附属医院查病房用德语，写病历、开处方用德文，整个中山大学医科几乎是德国化了。医学科教授12人，讲师4人。学校从助教中挑选成绩优异者派往外国学习，尤其是去德国留学，学成回校工作。本国教授多数是留德的博士。医科早期的建设，为后来的发展打下了良好基础。德国教授陆续离校后，在从其他大学或派到国外留学聘来的中国教授梁伯强、李挺等的努力下，联系华南地区的常见病及华南地区各民族的生理病理特点，做了大量教学研究与科学研究工作，取得了显著的成绩。其中，梁伯强教授长期在医学院从事教学和科学研究，成为我国著名的病理学家和医学教育家。在他们的共同努力下，培养了一大批医学专家，如杨简、王典羲、叶少芙、罗潜、张梦石、姚碧澄、朱师晦、罗耀明、曾宪文和李士梅等教授，成为后来华南医学界的教学和科学研究骨干。其中姚碧澄教授是在该校农学院毕业后，留学时改学医科的。杨简后来成为我国著名的病理及实验肿瘤学专家。

1935年，医学院院长为刘祖霞。医学院教授有桂毓泰、柏尔诺阿、安得来荪、梁伯强、马丁、梁仲谋、李挺、傅韦尔、叶少芙、姚碧澄、刘祖霞、庄兆祥、曾志民、崔元恺以及副教授朱裕璧，讲师有施来福和陈伊丽莎白。在德国教授辞职回国后，其岗位渐由中国教授接任。1937年，医学院院长为梁伯强，代理院长为张梦石，共有教授16人，副教授及讲师各1人。据1950年2月学校行政档案记载，医学院有教员53人，其中，教授24人（兼任者5人），副教授5人，讲师5人，助教24人。

刘璟院长为寄生虫学教授兼附设医院主任，梁伯强为病理学教授兼病理学研究所主任（曾任医学院院长、教育部医学教育委员会委员），梁仲谋为生理学教授兼生理学研究所主任，何凯宣为组织学教授兼解剖学研究所主任（曾任军医学校教官、广西医学院教授兼科主任），李挺为卫生学教授兼卫生学研究所主任，罗潜为药物学教授兼药物学研究所主任（曾任医学院院长），叶少芙为内科教授兼附设医院内科主任（曾任附设医院院长及护士学校主任），邝公道为外科学教授兼附设医院外科代主任（曾任德国柏林大学外科助教、柏林东北钢铁一厂联合医院主治医师及代院长、广州陆军总医院外科代主任），叶锡荣为妇产科教授兼附设医院妇产科主任，梁烺皓为小儿科教授兼附设医院小儿科主任（曾任光华医学院教授兼医院院长、小儿科主任、广西柳州医院院长），黄明一为皮肤花柳科教授兼附设医院皮肤花柳科主任（曾任德国柏林大学助教、皮肤花柳科专门医师），沈毅为眼科学教授兼附设医院眼科主任（曾任广西医学院教授、福建省立医学院教授、广东省立第一医学院眼科主任），朱志和为耳鼻喉科教授兼附设医院耳鼻喉科主任（中正医学院教授、中国红十字会医疗队长），陈安良为公共卫生学法医学教授（曾任光华医学院教授、岭南大学医院教授、广州方便医院院长兼公共卫生科主任），杨简为病理学教授，曾宪文为内科教授，吴道钧为内科教授（曾任军医学校广州分校教官、内科主任），郑惠国（曾任河海大学教授、西北大学教授），曾立胜为小儿科教授（曾任瑞士苏黎世大学小儿科专科医师）。

2．办学条件

医学院本部建筑有3座：学院本部、解剖座和宿舍。另有小型建筑6座：教员休息室1座，教授住室4室（后改为附属医院各科主任住室），洗衣房1座。学院本部有8间课室，1间实验室，1个有500多座位的礼堂。学院通道两旁有院长室、教务室、文书室、庶务室、会客室和图书馆。解剖室设备供解剖科专用，"自有解剖科，社会人士观念为之一变，而本校之名誉为之大著"。学生宿舍4层楼，寝室共50余间，每室住4人，电灯、卫生设备俱全。另设医院两间。第一医院原为公医新院，在医科学院本部东侧。内设药物室、内科诊室、外科诊室、外科产科手术室、妇科诊室、眼耳鼻喉科诊室及各种留医病室。第二医院原为公医旧院，位于西堤，内设各种诊室及手术室。医科图书"未至充溢，殊不足以飨读者之欲望"。

医学院的教学资源分布在附属医院及各研究所。解剖学研究所成立于1928年10月，是一、二年级学生前期基础医学主要科目解剖学课程的教学基地。除所主任外，配有1名助教，协助教授上课及作解剖研究工作并指导学生，另配1名技术员，制组织标本模型和处置尸体及专绘彩图，以供教授、助教上课做指示用，并协助制作显微组织片。该所设备有大课堂及显微

镜实习室1间，作授课及显微镜实习用，还有殓房1所，地下浸尸池6个。另有注射室1间，尸体储藏室1间，尸骨浸渍室1间。课堂南侧另开挂图室（内有大彩色图460余幅）和标本模型供览处，作上课及课后指示说明用。解剖室在解剖研究所东侧，为2层楼房，内有解剖台12张，8张置全尸，4张专置尸体局部。在解剖室楼下有标本陈列室1间，内有大量骨骼标本、各种脏器标本及模型，又从德国寄来模型及脏器标本16箱。在医学院大礼堂东座楼上设有研究及制造室1所，内有教授及助教室各1间。研究室内自备制显微镜组织片机件，制有组织标本4 000余件，另有绘图台，显微镜25架。

生理学研究所由1927年聘任的巴斯勒教授来校任教时成立，在其任内7年间，所有仪器设备大都偏重于肌肉生理方面。1934年春，巴斯勒教授回国，由梁仲谋教授接主任一职，"梁氏求适合国情起见，改注重于物质代谢生理、消化生理、感觉生理之检验工作"。

病理学研究所供研究用的标本材料十分充足，每年由各方医院送来检验病理组织材料四五百例（不收费），向各方征集典型的人体肉眼病理标本达数千种，偶有德国各大学寄赠的，浸于药液中保存天然颜色。此种标本以脏器系统分12类，以病症顺序分先后，陈列整齐，分装33大橱，分置于4间陈列室，均加中德文标记。该所经过努力，得到英国庚子赔款委员会补助，添购各种重要仪器百余种。又经争取，新建研究所1座和动物饲养棚1座。新所为二层楼房，楼下东边为课室和实习室，课室可容学生百人左右，实习室可同时供50名学生实习。中间为培养基室、消毒室、办公室、更衣室、疫苗室、包装室、破伤风毒素室、冷藏室、毒室、制造室、孵卵室及血渍凝缩室等。西边为陈列室、血清过滤室、采血消毒室和全身采血室等。2楼东边为寄生虫学部，有大小研究室4~5间，中部为细菌学部、血清学部，共有大小实验室10余间，职员住室5间，集会室1间。西边为图书室和绘图室各1间，卫生学部的研究室3~4间，储藏室1间。

1929年2月，聘请德国推平根大学教授范尔鲍来校任药物学教授，同年8月建新药物教室，并成立药物学研究所，范尔鲍教授为主任。1936年2月，范尔鲍教授辞职返国，由德国教授保路美继任。所内有助教林兆瑛，技助邹贵仁。该所有特建房舍1座，内设化学实验室两间，课室、主任室、助教室、陈列室、平秤室、仪器室、化学药品及玻璃贮藏室和图书室各1间。另有兽棚，畜养实验用的兽类。其他仪器有蒸馏机、自由旋转离心机、化学分析天秤、检验混合药粉所用矿石电分析灯、血压检验机、人工呼吸机、写弧线机及心脏分离机等各种仪器设备。

1927年夏聘德国教授古底克任医科教授后,成立细菌学研究所。古底克于1933年7月离职返国后,由派往德国留学取得博士学位的助教李挺回国接任该所主任职务。1934年春天,李挺回国,被聘为教授。该所有助教黎希干医师和张锡奎医师,技助李淡生和周如瑾,技术员石镜瑾、魏颐元、叶景森及工役3名。该所有实验室、主任室和洗涤室各1间,课室与各科共用,动物饲养室置于医学院地下室,学生实习则借用病理研究所的实习室。

3. 附属医院的医疗及临床教学

医学院的医疗与临床教学及实习水平,是一所医学院校办学水平的重要标志。附属第一医院,初名为广东新公医院,建于1916年,占地64亩,位于广州市东郊百子岗,院宇宏伟,高3层,有房舍342间。医院在前公医时代所有医务人员仅分内外两科主任医生,各科也仅有2~3人,后来逐渐扩充添设家私器具医疗器械等物。至1935年已扩充为7科,即内科、外科、儿科、产科妇科、皮肤花柳科、眼科和耳鼻喉科。每科聘主任医生1人,由本校医学院教授兼任,处理该科医务,其下则设助教医生若干人,助理本科医务各科。除诊症室外各设有研究室1所、赠医室1所、病房若干。有研究室,以备各科作学术上的研究与病人的一切检验,为本院医生及医学院学生实习之所。有诊症室,凡特别诊及门诊均在诊症室内由主任医生诊治之。有赠医室,每日下午赠医,来就诊者不收诊金,给予贫苦病人便利。该校医学院学生得受各科主任医生或助教医生的监督与指导,在该室实习诊病及进行一切学术上的研究,但不处方。

医院病房皆以科别划分,例如内科部则限住内科病人、外科部则限住外科病人,如有患传染病者则另有传染病室。全院病房有头等病房10间、二等甲种病房44间、二等乙种病房4间、三等病床位136张,另外设有免费病床10位及免费留产房等,凡贫苦病人及孕妇来院留医者一切费用皆不收取,全院可容纳病人190人。医院为大学附属医院,一切设施除诊治外间病人外,还要顾及本校医科学生的实际练习,间是以医科学生每星期有一定的时间来院实习,作临床上的教授并由各科主任医生加以指导,各科主任皆属大学教授,故治疗成绩较其他医院为优。第一医院附设护士学校及助产士学校。

在国民政府的大力扶持下,医院成为既代表广东乃至华南最前列的医疗水平,又是具有当地最高医疗临床教学力量的教学医院,使中山大学医学院的医学教育水平高居全国高校前列。这种发展也体现在医院向德国模式靠

拢。1925年广东公立医科大学医学院及附属一院并入国立广东大学后，进入了一段快速发展时期。

1926年广东大学更名为中山大学后，广东大学医学院相应更名为中山大学医学院，迎来全面快速的发展时期。在1926年到1938年的12年间，附属一院从普通的医院中脱颖而出，成为当时中国医疗水平最高的西式医院之一。从1927年起，医学院开始聘请德国教授任教并兼任附属一院的各科主任，甚至护士也聘请过德国人担任，医学院及附属医院因此留下了深深的德国医学烙印。戴传贤和朱家骅任中山大学正、副校长时，医院大力提倡学习当时处于世界医学先进水平的德国医疗制度，医疗设备多从德国购买，附属医院用德语查房，用德文写病例、开处方。

1928年春开始，德国人柏尔诺阿教授及以后的继任者，竭力制订好医学院及医院的发展规划，锐意革新。这得到当时中山大学戴传贤校长的赞成支持。1928年起，附属一院在柏尔诺阿任院长后，增添了设备，设备日臻完善。同事们热心合作，各项院务发展得很快，医治的病人数量与医院收入，都比以前骤增数倍。医院此时实行分科诊治病人制度，初时分内科儿科、外科、产科妇科、皮肤花柳科和眼科耳鼻喉科5科。此时医院每科聘主任医生1人，处理该科医务。下设一等助教1人，助教医师1~2人，协助主任医生诊治病人及一切学术上的研究。其下设医生若干人，以病人的多寡而定。各科除诊症室外，皆设有研究室1所，赠医室1所，病房若干间。后分内科、儿科、外科、妇产科、皮肤花柳科和眼耳鼻喉科6科。各科聘主任医生1人，助教医生2~3人。凡病人来院就诊，均由各科主任诊治。

研究室供各科作学术上的研究，以及病人的一切检验，同时承担本院医生及医科学生实习之用。诊症室作为特别门诊之用，病人由主任医生在诊症室诊治。赠医室的用途在于，医院每日赠医1.5小时，来就诊者，完全不收诊金，照顾贫苦病人。该校的医科学生必须在各科主任医生或者助教医生的监督与指导下，在该科室实习诊病，以及进行学术研究。

这时医院的病房，都以各科别划分。例如内科部限住内科病人，外科部限住外科病人，以此类推。全院病房，计有头等病房8间，二等病房53间，三等病房16间（男病室9间、女病室7间，4人一间的11间、10余人一间的5间）。头等病房每日收费6~8元，二等病房每日收费1元5角至3元，三等病房每日收费3~5角。另外设有免费病床10个及免费留产房等，凡贫苦病人及孕妇来院留医生育者，一切费用均不收取。

医院全院可容纳病人150余人。每日来院门诊约50~60人。赠医者约

100余人。当时拟建筑分科病院，即每科一栋独立的病院，预计完成时可容留病者700～800人。但是因为经费的问题，最后并未全部实现。

医院的一切事务都由院主任主持。在主任之下设总务员1人，管理全院事务，并设会计、庶务、书记各1人，药房设药剂师1人，管理药房事务，并设助手1人，练习生若干人。护士则由护士长督率，在护士长之下，有高级护士，再其下有学习护士数人。

医院建立了健全的有鲜明德式医疗风格的各项规章制度。例如，1928年10月，制订了《第一医院办事细则（续）》，规定护士长负责分派各护士的值日值夜工作，并对夜间服务情形随时进行监察。病房间护士的调动，护士长需预先向相关科主任报告。凡护士对医院院章及护士服务条例有不遵守或不听告诫的，由护士长报告医院正副主任进行处罚。凡护士请假、任用或辞退，都要由护士长通知总务员。护士长还要"注意全院病人之待遇及看护，俾得良好舒适，至于病房与诊察室及治疗室之清洁与秩序，亦宜随时留心"。① 此外，本院病人的衣服食料与饮料等，都由护士长照章发给。各科与各病房的医学器具及材料等，护士长有监督用途及保管之责，添置的仪器与药物材料，如注射器、棉花、纱布等，都由护士长先登记保管，再一一发放。全院护士由护士长督率，其服务时间与工作情形，详载于护士学校章程与服务条例。

医院的设备，除接收公医时代的房屋和少量家具外，医具及最新式的治疗器具多已残缺，直至1927年才开始逐渐添置，初趋完备。主要包括：

X光室，于1928年夏建成，计有最新式X光镜1具、冲晒相片及皮肤治疗各仪器均全。

电疗室，有电疗机2具，附件俱全。

消毒室，有德国最新式蒸汽消毒炉1座，专为病人衣被消毒之用。

人工日光室，有日光灯2具及电浴箱1具，附件若干。

割症室，在公医时，原有割症室，但器具设备多缺失。改组为中山大学医学院后，开始重新添置，因为病人人数增加，不敷使用，就另开无菌割症室1间及小割症室1间，共有仪器用具700～800件。

割症教室，凡本校医科学生，遇有外科、妇科举行割症时，在此听讲及实习。

---

① 翁宗奕《广东高等西医教育史》，中山大学出版社1998年版，第86页。

生产室，前来此留产者甚少，1928年开始逐渐增加，故在这一年新建生产室一大间，并重新购置生产及婴儿用具数百件。凡本院免费留产者，医科五年级学生须在教授指导之下，借以实习。

临床教室，凡医科学生，对于内科和皮肤花柳科课程，须病人证明者，均在此室听讲。因此教室设在医院内，病人易于往来，而且仪器完备，不需搬运。

研究室，为各该科医生研究学术及医科学生实习之所。各研究室分别为内科研究室、外科研究室、妇产科研究室、皮肤花柳科研究室和眼科耳鼻喉科研究室。

在国民中央及地方政府的大力扶持下，中山大学医学院附属一院经过一段时间的发展，到中日战争爆发战火燃至广东时，已是一间医疗与临床教学及实习水平在华南地区乃至国内均属一流的教学医院。

4．医科课程设置及教学实践

广东公医不设预科。国立中山大学预科为学年制，凡学生修业满两学年，成绩合格者，准予毕业。预科分甲、乙两部，在甲部毕业者，直接升入文科或法科。在乙部毕业者，直接升入理科农科或医科。但升入医科者，在预科须以德文为第一外国语。预科乙部医科及自然科之生物系等预科学生，其必修科目在第1学年，多修植物学1科，在第2学年，新增动物学1科。

广东公医时期的学制为4年，每学年3学期，一年级每周期授课总时数27～29小时不等，二年级每周期授课总时数34小时，三年级每周期授课总时数30～31小时不等，四年级每周期授课总时数36～38小时不等，每个学年都有实习。国立中山大学医学院于1926年称医科，1931年秋学校实行学院制时改称医学院。医学院不分系，采用学年制，学制6年，其中修业5年，实习1年。学习科目分前期和后期，前期为基础科目，包括解剖学、生理学、动物学、植物学、物理、化学及德文（工具书），规定在第一、二年级内修完，考试合格后才能升上三年级学习。后期科目即临床医学各科目，在第三至第五年级学完。第5学年末举行毕业考试。

医学院课程分学理与临床两部分。学理部于1927—1929年陆续成立了解剖学、生理学、病理学、细菌学和药物学5个研究所，进行教学和科研活动。临床部分内科、外科、儿科、妇产科和眼耳鼻喉科等，设于附属第一、二医院内。学理部的解剖学为医学院各科之基础，故为医学院前期一、二年级学生之主要课目，教授上以挂图、幻灯、标本、模型，作讲演之助，另注重尸体解剖及显微镜下的组织实习。平均每星期实习10小时，授课6～8小时，包括人体正常解剖学组织及发生学。此外又于每学年的下学期（即每年的上半年）授局部解剖学，即临床上的应用解剖学，专为二至五年级所设，亦可同时使学生温习医学院前期的系统解剖学。[①]

病理脏器多数从慕尼黑大学病理研究所等德国机构寄来。外国人的尸体，没有反映中国人特别是广东人的常见病和多发病。为了研究本国，尤其是本地人的病理，学院布置学生到社会上收集尸体。同时，在公安局及方便医院等单位的支持下，解决了尸体的来源问题。于是，病理研究所每年能解剖大量的尸体，如1935年为74具，1936年为216具，到1937年制成了几千个病理标本，建成完整的病理学教学科研基地。该研究所经过多年教学实践，结合华南实际情况，于1937年形成一套自己的教学体系，规定医学院三年级学生授病理学总论50小时，各论110小时，标本实习160小时，共计320小时。教材特别重视华南常见病。在三年级这一学年中，展览肉眼病理标本1 500余例，显微镜病理标本1 200例，并附以简图及说明，以帮助学生课余实习。另每周尚有病理尸体解剖数次，利用中午及黄昏休息时间进行，全年约百次左右，三年级学生皆参加观察。四年级每周特设1小时讲授内分泌腺、神经系、运动器官和生殖器等主要的病症，尤其注意标本的指示，并设病理尸体解剖实习（从1935年度起实行），每具尸体由两名学生合作解剖，一人解剖胸部，一人解剖腹部。每位学生须参加病理尸体解剖实习两次，并作记录及显微镜检查，在周日或其他假日进行，由杨简助教指导。五年级学生除暇时参加观察尸体解剖外，每周规定2小时（全年30次）为临床病理实习，用以联系临床经验与病理解剖学知识。每次先指定讨论题目，由学生叙述各种重要病症的临床征候，并引用肉眼标本及显微镜标本加以证明，教授只作指导。

药物学课的动物实验由教授作指导，为使学生对于药性功能有深切的了解，从1937年度起，增设动物实习课程。

赠医室每日下午赠医，免费为贫苦人治病，学生可到此实习诊病，必须受主任医生或助教医生监督指导，不能开处方。各科均设病房若干间，各安排所属科的病人住，如患传染病者，另有传染病室。医学院学生每周有一定时间到医院实习，并由主任医生作临床指导。

根据《中山大学奖学章程》，医学院王慕祥、杨简、吴坤平和李士梅等

---

① 翁宗奕《广东高等西医教育史》，中山大学出版社1998年版，第86页。

13人曾获免交一年学费的奖励。而获毕业奖的学生，如1933年7月医学院第七届毕业生石寿馥，1934年7月医学院第八届毕业生杨简，都获金质奖章一枚的奖励。杨简"总平均分为91.1分，为全班成绩之冠"。

医学院为应对抗日战争而设置的课程有战争外科学、防毒学、毒气病理学、车队卫生学和战时救护学。

医学院辗转办学于澄江小西城乡关圣宫与三教寺、县城南门外火龙庙、县城南门楼、小里村下寺、城内玉光楼和城西土主庙。医学院1939年度六年级学生，分别由学校派赴昆明陆军医院和红十字会医院进行毕业实习。

1940年，医学院迁至粤北后，设在乐昌县城。为了实习和服务社会的方便，院址选在乐昌县城郊，与县城隔河相望。房屋由万寿宫庙改造而成。医学院不分系，设有5间研究所，即生理学、药物学、病理学、解剖学和细菌学研究所。另在乐昌新建1间附属医院。

医学院仍采用年级制，修业期限5年，实习1年，按规定完成学业方准毕业。学科仍分前期与后期，前期3年修完，后期2年修完。

前期学科主要包括国文、德文、拉丁文、无机分析、有机化学、物理、数学、生物学和解剖学等。解剖学是医学各科的基本知识，为医学院前期一、二年级的主要科目。授课时辅以挂图、幻灯、标本模型，并注重尸体解剖及显微镜下之组织实习。每星期平均授课6～8小时，实习为10小时。

后期学科主要是病理学、药物学、诊断学、细菌免疫学、寄生虫学、外科总论、小儿科、内科、外科、妇产科（临床）、处方学、卫生学、眼耳鼻喉科和临床病理等。

六年级是医院实习，实习科目有：内科，包括传染病科、精神病及神经病科；外科，包括整形外科、泌尿科、妇产科、眼耳鼻喉科、小儿科和皮肤花柳科。

学校附设医室，为方便分散各地师生员工诊病，根据需要安装了电话，便于预约就诊。由于牙科向来由内科或外科兼理，有时解决不了，必须自赴曲江医院治疗，故而在校医室设特约牙科医生诊病，聘周左泉医生每星期一下午为师生诊病。因时间不够，后改为星期二和星期日的上、下午。又因附属医院院址不敷应用，特在该院门诊部附近择地建留医院一所，并向各方募款，与承商签约动工兴建，于1943年11月12日落成。

医学院尤其注意预防各种流行病。1942年夏天，粤北霍乱流行，仅曲江就日死数十人。医学院康乐会有见及此，特请细菌学研究所主任黎希干教授于6月14日向附属医院医务人员和全学院学生讲演《霍乱预防接种及防疫问题》。学院还组织该院学生参加乐昌防疫队工作。校医院同时购进大批伤寒霍乱预防疫针,从5月24日至6月23日,为本校师生员工和乐昌县民众进行霍乱预防免费注射。1944年4月初,医学院院长兼附属医院主任李雨生教授,"以儿童体格强弱,关系民族盛衰",特举办儿童免费健康检查,于4月2日至4日,每天上午9至12时,由该院小儿科主任郑迈群教授及讲师、助教多人,为当地儿童检查身体,并于4月16日至18日,免费为当地儿童种痘。

七、早期医学院校的教学方式与办学模式对中国近现代医学教学模式的影响

博济医院开办的西医校从创校开始,移植近代英美医校办学模式的教学形式与教育方法,逐步形成一套与欧美近现代医校教育相似的教学形式与教育方法。教学方法上形成以教师、课堂、教材为中心的方式;采用基础、专业和实习三段式教学模式;教学与科研并重;医、教、研一体;为不断强化师资力量与提升学校综合水平,逐步建立住院医师制度、进修制度、出国留学制度、客座教授制度。

这一系列教学方式方法的模式,为在岭南开办的广东女医学堂、广东光华医学堂、广东公医学堂及后来的岭南大学医学院、夏葛医学院、中山大学医学院、广东光华医学院所采用,亦为国内在鸦片战争后建立起来的医科院校所采用,是近现代中国所有西医校的教学模式的方式方法。不管各医校的办学层次与学制长短,无论是中国人所办还是外国人所办的医校,不论医校是公立、私立还是宗教团体开办,都采用这套医学的教育方式、教学方法和学校管理模式。故此,这套医学教育方式方法的模式,一直为中国各医校所沿用。

第四节　近代西方医学传入广东后的延续特征

近代西方医学传入广东后,从鸦片战争至晚清的医学科学发展有过辉煌的繁荣时期,其间出现了中国内地最早的现代西医院,诞生了中国最早的西医校,编译出版近代中国最早的西医书籍、教材、期刊,出现中国最早的药房,在多方面开了中国西医的先河。鸦片战争后在中国门户大开的时代背景下,近代西方医学由广州辐射式向内地传播,呈现向北、向西,由城市到乡村的大规模传播态势,接着经中国各口岸水银泻地般传入内地,中国近代西医的重心,渐移至中国新兴与传统的中心地域上海、北京等地。

随着中国的全面开放,西方国家及其教会更多地将资金、人力及其他资源投资到广东以外的地区。进入近代后,广东失去中国独口外贸港地位,经济比重下降,屡屡成为中国革命与改良的策源地、农民起义策动地、国家政治斗争中心和中外冲突前沿,风潮迭起,政争激烈,动荡频生,加上其他各种复杂原因,广东医学及其教育发展很不稳定。从某种意义上讲,这是中国近代医学发展的缩影。尽管如此,广州的西医发展水平始终处于中国西医发展的前沿。当地继续有医院建立,尤其在国民政府及广东各界全力支持下,20世纪20年代在广东公医基础上重新整合改组而成的中山大学医学院及其附属医院,于20世纪30年代博济医院内重组建立的岭南大学医学院和光华医学院,联同广东各医院、医校以及整个医学界,推动了广东医学新的长足发展。

然而,当抗战的战火延至广东后,不少医院先后停办,还有医院建于广东未沦陷的中小城市及乡村,几间医校也在广东未沦陷区或港澳或大后方艰难地辗转办学,但到最后还是在抗战期间停办,广东的西医医疗及西医教育水平出现前所未有的大倒退。在抗战后至20世纪40年代末,广东的西医医疗及西医教育才在一定程度上得以恢复,但已不复抗战前的水平。

广东近代西医开拓者

伯　驾

达保罗

富玛利

关　韬

关约翰

黄　宽

嘉惠霖

嘉约翰

梁培基

郑 豪

赖马西（前排左四）

第三章
广东近现代
公共卫生事业的开端与发展

第一节 广东公共卫生事业的发展

博济医院及其后广东医科院校的推动，继开展种牛痘防疫后的广东公共卫生事业得以开启和发展。

广东近代公共卫生事业以种牛痘为滥觞。1805年，葡萄牙人许威特把牛痘"活苗"带至澳门进行接种。皮尔逊医生在澳门接种成功，并编印《牛痘奇法》介绍牛痘接种术。1805年冬至1806年春，广东天花大流行，皮尔逊在澳门、广州两地试种牛痘，雇用当地青年邱熺、梁辉、张尧和谭国当助手，授予种痘术。邱熺掌握牛痘术后也施种牛痘。1817年，《种痘奇法》译成中文，以《引痘略》书名印行。西方的医学及公共卫生方法悄悄渗传至广州，为近代西方公共卫生方式在岭南发端做了准备。

当种痘防疫方式在广东成熟后，为在全国推广种痘术，十三行行商潘仕成于1828年购买大批牛痘疫苗运到京师，在宣武门外米市胡同南海邑公馆开设"京都种痘公司"，任命邱熺弟子余心谷医师主理种痘和推广，为当地人种痘防疫，宣传种痘的作用，北方大批人士前来学习。从此西方公共卫生施行方式首先以种痘防疫方式由岭南广州向全国推广。

一、博济医院开启的广东公共卫生事业

1835年创立的博济医院，是最早把近现代西方医学科学中的公共卫生的学术理论和实际方法引入广州并在当地实行的机构。

（一）开设痘科，提供种痘服务

1859年，博济医院开业不久，嘉约翰即于院内开设痘科，为周边儿童种痘，1860年接种了700人，[1] 1863年接种了1 494人。[2] 博济医院还是为华南各地供应痘苗的机构。嘉约翰还在广州城内散发如何在温暖气候下保存痘痂

---

[1] J. G. Kerr, Report of the Medical Missionary Society in China for the year 1863 (HongKong: A. Shortrede & Co., 1864), p. 10.

[2] [美] 嘉约翰《卫生要旨》，羊城博济医局1883年版，第41页。

的小册子。① 由于博济医院在种痘方面成绩斐然，许多当地痘师到医院寻求鲜活痘苗并在医院接受培训。鉴于种痘是预防天花的最有效办法，嘉约翰希望政府予以重视，他呼吁"国家设立医痘局，兼种洋痘，每年按期施赠，大乡大埠人烟稠集之处，多设分局，以拯济斯民"。②

（二）以近代医学科学的公共卫生理论指导防疫实践

1894年和1896年，广州鼠疫大流行。1894年，因疫症死亡者众多。博济医院挺身而出，雇一条大船停泊在珠江，先后收容鼠疫病人24名，10名痊愈。医院1名工人殉职。

（三）针对当地公共卫生情况开展科学调查研究及服务

民国时期，博济医院与政府和社会组织广泛合作，举行学校卫生、妇幼保健、传染病防治和流行病调查等活动，主动服务社会。特别是在20世纪30年代，博济医院将公共卫生活动扩展到广州周边农村地区，促进了乡村与城市医疗卫生服务的对接，改善了当地的公共卫生状况。博济医院下大力气到广州乡村开展卫生工作，岭南大学医学院建立后进行的乡村卫生工作有了更大成效。

博济医院在所办西医学校内对学生开展公共卫生教育，再通过学生去教育民众。1883年，嘉约翰编写了《卫生要旨》一书作为博济医校的教材，着重介绍了日常起居卫生、种痘、防疫等内容，并强调国家卫生行医的重要性，希望以此引起当局的注意。1902年，博济医院筹备建立南华医学堂，在讨论课程设置时，医院董事决议必须教授"治疗、卫生、看护等科"。③ 医学校开办后，于1909年开设公共卫生课程，这是中国学校里最早开设的公共卫生课程。

（四）开展学校健康卫生状况调查，通过体检改善青少年学生健康状况

学校卫生是博济医院注重开展的一项公共卫生工作，早期主要在培英、培道、培正三所小学和岭南大学、真光女中及协和女子师范等教会学校内开

---

① J. G. Kerr, Report of the Medical Missionary Society in China for the year 1860（HongKong: A. Shortrede& Co., 1861）, pp. 7-8.
② ［美］嘉约翰《卫生要旨》，羊城博济医局1883年版，第41页。
③ 孙逸仙博士医院筹备委员会《广州博济医院创立百周年纪念》，岭南大学，1935年，第23页。

展,后来拓展到岭南大学周边的乡村学校。服务内容包括体格检查、门诊治疗、预防接种、卫生教育、环境卫生等项目。起初是在学生中开展消灭沙眼的工作。1922年,对培英、培道及培正三所小学学生进行沙眼检查,结果发现大约5%的学生感染沙眼。① 医院为患沙眼疾的学生治疗时,采用了当时美国公共卫生署麦克穆伦医生的最新方法——外翻眼睑进行刷除,经该法治疗的患者经过悉心照料可痊愈,基本没有后遗症,此法后来还推广至江门、石岐等地。② 后来博济医院得到中华卫生教育会及广州医学会的支持,于1923年对培英男校、协和中学、昌岗中学、米勒中学、小榄同寅小学和河南培英小学共1 200名学生进行全面体格检查,专门派遣一支由四五名医生和2名护士组成的医疗队前往各校,③ 检查项目包括胸部、皮肤、脾、眼睛、牙齿、耳鼻喉和身高体重等。检测结果被制成身高体重表和健康评分表张贴在教室里,使教师、医生、护士在看表格时可以及时了解每位学生的健康状况,以便帮助他们尽快改善身体情况。1935年,岭南分院为周边乡村学校的学生进行体检,共检查学生630人,有缺点的599人,缺点总数为1 584个,有346人的不良情况被矫正。④

对于体格营养不良的学生,先检查其粪便,看其是否患有各种寄生虫病,结果发现98%的学生患有寄生虫病,其中尤以蛔虫、钩虫为多,然后给这些学生服用杀虫药,若经一段时间仍未能改善,即加入医院在学校开设的营养班,每天按时服"比目鱼油"。⑤ 博济医院在每个学校皆开办门诊,学生患病可到门诊治疗,如有重病者即送入医院医治。医院每年为学生接种牛痘,注射伤寒疫苗、白喉毒素抗毒素混合液等,以防疫症发生。医生常在校内作卫生演讲、卫生谈话、教授急救法、绘画卫生照片等,灌输各种卫生常识。卫生护士偕同各校教员每星期视察校内环境一次,包括学生宿舍、厨房、厕所和运动场等,看是否清洁及空气流通,光线是否充足。此外,博济医院每周还派遣医生在博济医院的护士学校、夏葛医学院和公医学校为学生讲授卫生课程。

---

① Canton Hospital, Anual Report for the year 1935 (Canton: Canton Hospital, 1936), p. 38.
② Canton Hospital, Anual Report for the year 1922 (Canton: Canton Hospital, 1923).
③ Canton Hospital, Anual Report for the year 1923 (Canton: Canton Hospital, 1924), pp. 67 – 68.
④ Canton Hospital, Anual Report for the year 1935 (Canton: Canton Hospital, 1936), p. 38.
⑤ 广东家庭卫生促进会《广东家庭卫生促进会工作年报(1932—1933年)》,广东家庭卫生促进会,1934年。

二、医科院校推动了广东公共卫生事业的发展

广东的高等医科院校,通过科学研究、具体实施和向社会广为宣传教育,推动了广东公共卫生事业的发展。

(一) 岭南大学医学院公共卫生学科的教学科研及社会服务

岭南大学医学院于1936年就设有公共卫生学科。此外,学院特别注重公共卫生、乡村卫生及热带病学,更增设医学伦理及医学史科和心理学科等科。学院公共卫生学科部管理得到了加强,学生毕业后能在改进各地公共卫生方面发挥作用。至于乡村卫生事业的创办,新村的敦和、从化县和睦二所均有医师驻所主持,并有公共卫生护士、助产士、护士等。其他乡村卫生事业,如岭南大学博济分院及岭南大学内的乡村卫生部则增设牙科。同时,学院附属的博济医院内,亦新设城市卫生部,由卫生医师2名及卫生护士2名主理,专做学校卫生、妇婴卫生和传染病探访工作。

医学院开设公共卫生学科,在于保障与增进民众健康设施,学生应具医学基础及临床学科的知识,并进而有系统地研习公共卫生组织及设施、该课的主旨,在于扩大及完善学生对于现代医学的观念与目标,同时训练保障民众健康的组织与实施方法。在讲授时,特别注重我国现代医事的状况及公共卫生行政组织。如时间许可,学生去考察并作社会医事调查报告一份,并须参加各种卫生医期及乡村医院服务。第6学年驻医院实习时学生都有一个月的时间在本院乡村公共卫生机构实习。

(二) 光华医学院对广东公共卫生事业的影响

光华医学专门学校于1927年在和尚岗北面建成一座附属传染病院,共设有100张病床,在传染病流行季节收治各种传染病患者,平时则以收治肺结核病人为主。光华传染病院的建成,增加了广州市传染病人的收治容量。1929年广州流行天花病,光华附属传染病院搭棚收治天花病人,受到社会各界好评。

光华医学院毕业的医生,有的在市政府卫生局工作。学院也重视参与当地公共卫生事务。

(三) 中山大学医学院公共卫生科的教学科研及社会服务

中山大学医学院也十分重视公共卫生科的教学研究及为社会提供公共卫

生服务。

医学院聘李挺为卫生学教授兼卫生学研究所主任，陈安良为公共卫生学法医学教授。1934年春，李挺回国，被聘为教授，10月间，赴南京参加远东热带病卫生大会后，顺便前往南京、上海一带考察卫生建设事业，并与各方接洽补助建筑该研究所事宜。

医学院卫生学部设有研究室3、4间，储藏室1间。此外，在附近乡村设卫生事务所，供学生实习公共卫生之用，并为农民治病，同时每周为农民举办一次卫生常识展览及讲解通俗卫生常识。

医学院尤其注意对流行病的防治与教学相结合。1942年夏天，粤北霍乱流行，仅曲江就日死数十人。医学院康乐会，请细菌学研究所主任黎希干教授向附属医院医务人员和全学院学生讲演《霍乱预防接种及防疫问题》。接着，组织学院学生参加乐昌防疫队工作。校医院同时购进大批伤寒霍乱预防疫针，为本校师生员工和乐昌县民众进行霍乱预防免费注射。1944年4月初，医学院院长兼附属医院主任李雨生教授，以"儿童体格强弱，关系民族盛衰"为题，举办儿童免费健康检查活动，于4月2日至4日，每天上午9至12时，由该院小儿科主任郑迈群教授及讲师、助教多人，为当地的儿童检查身体，并于4月16日至18日免费为当地儿童种痘。

第二节 以广州为中心开展的广东公共卫生事业

一、卫生行政管理

清代广东设置警察后,受督抚直接管理的警察成了政府治理公共卫生的主要执行者,公共卫生管理的范围也越来越广,清理垃圾、修浚渠道、改良厕所、戒烟卫生、施医卫生、饮食卫生、海港检疫、死亡统计等皆纳入卫生行政的范围。近现代公共卫生管理制度与近现代行政管理体系结合为一体,现代化的社会公共管理方式由此发端。

1921年,广州市政厅成立。为配合市政建设,同年3月,广州市成立民国以来全国首个建立卫生局体制的行政机构——广州市卫生局。从此,广东公共卫生事业正式走上现代化发展的道路。

当时卫生局的工作主要是卫生行政管理和公共卫生管理两大方面。随着时间的推移,卫生局的组织结构日趋完善,分工逐渐明确,其职权涵盖洁净、卫生防疫、卫生教育和卫生统计等各项工作。

卫生局对自身及所属机构不断改良,强化管理,加强对医事医疗、医院及卫生机构进行现代规范管理,做好卫生统计工作,掌握本市卫生情况。

二、公共卫生管理

公共卫生管理主要体现在制定规章制度和执法上。卫生局成立后,制定各种卫生管理条例与章程,涉及医政、药政、食品卫生等;在执法方面主要有如下举措:颁布章程、条例;张贴布告晓谕市民;派卫生稽查员巡视各摊贩、小店、茶楼、戏院、药店和理发店等公共场所,保障全广州市的公共卫生。

卫生局在城市公共卫生领域展开了多项变革。

(一)卫生教育

卫生局主要通过报纸,编撰书籍、刊物,散发传单,政府布告,开演讲

会，放映电影等手段进行卫生宣传教育。广州市卫生局刚成立就设有卫生教育课，负责编撰书籍以及卫生演讲等相关的卫生宣传和教育工作。而卫生局编撰的书籍主要是向市民群众宣传相关的法规和大众化的卫生知识，预防传染病的方法，倡导大众注重健康。

（二）开展卫生运动

卫生局号召市民进行大清洁运动，呼吁民众注意清洁，清除污秽。卫生局在疾病流行后或垃圾堆积甚多之时，号召全市进行清洁运动。市厅接到通告后饬令卫生、公安两局会同办理此事。广州多次举行了该运动。抗日战争胜利后，卫生清洁运动更是频繁进行。

卫生局一方面通过广泛宣传，动员市民讲究卫生，另一方面频频颁布规章，禁止市民在新修的马路上"圈地"养鸡、养鸭，禁止随地倒马桶，纠正老百姓的种种不良积习。以现代公共卫生生活方式为标志之一的现代都市文明从此建立。

（三）移风易俗，改良葬礼

卫生局还着手处理广州古老"庄房"的不卫生习俗。停柩是中国人的丧葬风俗，盛行于全国各地，亦称"殡"，即谓停放灵柩或灵柩在埋葬前暂时停放。停柩大多在家中中堂，设孝堂日夜守灵，在三日内殡葬，有的隔旬安葬，也有移棺于宗祠或寺院的空屋。卫生局认为，停柩过久会使尸体受温度的影响而发生腐坏，细菌滋生，疾病易发，对周围空气大有妨碍，不符合公共卫生标准。虽然卫生局一再强调要求杜绝该陋习，但是，庄房和义庄仍满足市民的风俗习惯。此外，重孝是中国人传统的礼仪观念，人们认为棺椁停放时间越久，示孝之意越大，尤其是富户，因此，棺椁停放长达数年之久的现象屡有所见。

散布于广州郊区的庄房，停放了大量等待返乡安葬的棺木。多数庄房老板都不具备消毒防疫知识，庄房严重威胁着公共卫生，成为卫生局必须解决的问题。

1929年3、4月间，《广州民国日报》刊登了《卫生局厉行取缔停柩陋习》《卫生局一再取缔庄房停柩》等文章，1933年第426期的《市政公报》又刊登了《卫生局严厉取缔庄房按月报告》，按照市卫生局的规定，各庄房老板要定期进场巡视，检查卫生。

对于停柩这种不卫生的习俗，卫生局在处理时，往往会采取折中的方案,既不能逼迫市民完全杜绝这种陋习,也不能不顾公共卫生的建设与管理。卫生局为杜绝陋习采取颁布法规,发布告晓谕市民,教育与管理并行,用强制庄房实行迁棺出葬、派员调查、出具死亡证书等方法和手段来打击停柩陋习。

虽然由卫生局制定了稍具宽容的杜绝停柩陋习的规章条例,但是市民大多还是抗拒,不履行。卫生局缺少人力挨家挨户检查此令是否得到执行。即便是义庄和庄房这些卫生局可以强制其执行章程的营业单位,对卫生局的法视也往往视而不见或阳奉阴违。法规颁布之初,各庄房和义庄还能按规章制度执行,但是数月后,各庄房和义庄又开始懈怠。义庄平常的打扫清洁事务全部委托雇工(俗称"庄丁")执行。这些"庄丁"身处社会最底层,没有受过现代的公共卫生训练,连消毒防疫的基本常识都没有,难以执行有关丧葬卫生管理的规章条例。

尽管如此,卫生局的改良葬礼举措对促进社会丧葬风气的现代化,改良传统风习,促进现代文明生活方式的形成,还是具有较大作用,影响深远。

(四)征收洁净费

卫生局由于经费紧张,要开辟财源以维持现代卫生管理与公共卫生服务,因此有必要征收洁净费以维持广州的公共卫生。洁净费不是作为卫生局的经费使用,而是专门用于办理洁净事宜的费用。广州市卫生局开始征收洁净费应该是在1923年,这项收费是经过市行政会议的批准和省署核准的。

(五)推动现代卫生观念与行为的形成

在卫生局的卫生行政管理与宣传下,推动了市民形成现代公共卫生观念与行为,使之成为人们的新习惯。卫生局颁布了《公共场所禁吐口水之条例》,公安局也颁布了《维护马路洁净禁诫条例》,禁止在道路上随地大小便和乱倒垃圾等行为。在公共场所中,均须设置痰盂,供人使用。各取缔条例皆明确规定不许随地吐痰和丢弃垃圾废物,违者依法处罚。以法制与宣传并行的方式来推动全社会的现代公共卫生观念与行为的形成。

然而,长期形成的不良卫生习惯难以很快转变,有令禁而难行,不良风习难改。不过,通过各种方式各种渠道的反复宣传教育、行政措施督导和法制管理,以现代科学文明为基础的社会良好卫生习惯的风气慢慢形成。

(六)防疫

卫生局首先对政府可以管控的公务员、企事业单位职员、从事卫生行业的员工和学生实行强制种痘,为全社会做出示范。对市民,则通过不断出示布告、通知及借助各种媒体加强宣传,以列举其中的利害关系,晓谕市民。随着卫生局对广东各种流行性疾病的介绍和开展各种防治宣传,人们对卫生局防疫的方法逐渐产生信任,并配合卫生局做好传染病的防治工作。

20世纪30年代广州市卫生局管理的粪车

1948年广州市公共卫生口号标语(六条)

民国时期广州市公共卫生服务

民国时期广州市公共卫生工作

民国时期广州市卫生清扫运动

民国时期广州市卫生宣传表演

清末民初广州市警察管卫生情景

清末民初广州市警察管卫生情景

第三节　引进现代公共卫生管理模式防治烈性传染病

近代西方医学传入广东后，当地开始采用科学的方法防治麻风病、瘟疫和梅毒等烈性传染病。

历史上广东是麻风病的高发地区。由于麻风病严重摧残患者身体，并具有传染性，因此麻风病人受歧视，被家庭及社会遗弃，流离失所。清代广东政府设有麻风院专门对麻风病人进行收养隔离，广州城北原有的麻风院因历久而颓毁，[①] 后来迁至东门外（东郊），[②] 基督教教会与当地政府合作建立麻风病院，采用科学的方法管理和治疗麻风病人。政府在东郊麻风院旁新建3座楼房，共70个房间，可容纳200名麻风病人，以供收容病人、治疗患者和外国专家进行防治实验。基督教会在广东先后建立北海麻风院、东莞稍潭麻风院和石龙麻风院，以现代公共卫生事业开展模式管理和治疗麻风病人。

1902年春夏，广州爆发了霍乱和鼠疫，地方政府在美国驻广州领事的协助下，制定了一套系统的预防方法，并命令番禺和南海的官府张贴告示宣传，要求必须用河水彻底冲刷所有街道沟渠；在街道、动物生活和垃圾收集场所沟渠喷洒大量石灰；所有腐烂和未成熟的水果和蔬菜立即销毁，如有出售者将予以严惩；所有的蔬菜只有煮熟后才能吃；水必须在煮沸半小时后才能饮用；保持个人清洁，衣物、炊具和室内一切用具要保持清洁卫生；为预防霍乱，每人每天服用两次酸性芳香酊。

---

①　〔清〕屈大均《广东新语》，中华书局1997年版，第245页。
②　William C. M. Lin China（London：G. Routledge & Co. Farring don Street, 1857），p.66.

第四节　出入境卫生检疫

近代西方医学科学及公共卫生管理模式传入中国，国家与地方的现代卫生检疫制度开始缓慢地建立起来，海关出入境卫生检疫工作也因此开展起来。

1882年夏天，国外的马尼拉等地霍乱流行。9月，汕头海关税务司决定对来自厦门的船舶到达后实施检疫48小时，对来自琼州、马尼拉等霍乱疫区的船舶到达后实施检疫10天。检疫锚地设在妈屿岛内，受检疫船舶进港，由海关检查站官员指定停泊地点，派海关医官进行检疫。1894年，香港、广州等地鼠疫流行，汕头海关税务司又制定了隔离传染病人和对疫船及旅客行李进行杀虫的规定，并规定凡是载客出洋的船舶，必须经检疫给予健康证书才能出口。

1911年，为了防止船舶将鼠疫传入广州，各国驻广州领事馆要求粤海关开展检疫工作。同年3月，经清廷督部堂核准，公布《广州口防卫船只染症永远章程》，正式开始办理广州港船舶检疫事务，事务主要由粤海关医务所的一名外籍医官办理。1912年，国民政府指示粤海关对《广州口防卫船只染症永远章程》加以修订，公布《广州口防卫船只染疫章程》，将鼠疫、霍乱、黄热病、天花痘、赤痢、猩红热以及其他急性传染病列为检疫的传染病，并对疫船的判定和处置、病人的处置以及禁止携带容易传播疾疫的物品进出口作出规定。该章程一直沿用到1926年9月广州海港检疫所的成立，对当时的检疫较有作用。

1921年5月，汕头市政府从汕头海关收回检疫主权，设汕头市检疫所。1925年，海口市对进口船舶实施卫生检疫，但此项工作直至1946年前都因当地没有设专门卫生检疫机构而由琼州海关派医生登船舶兼办检疫业务。1926年9月，广州成立了广州市海港检疫所，同时宣布不承认外籍医官签发的检疫入口准单。这一年，广州海港检疫所得到新加坡国际海港检疫东方总署的承认，并建立疫情传送联系，为广东省检疫工作与国际卫生团体联系的开端。

1927年，根据一些国家对出洋者的要求，汕头市成立出洋种痘处，并规

定凡经该市出洋者，下船前均须到该处种痘，领得证书才准出洋。

1929年9月，广州海港开始办理船舶熏蒸除鼠和消毒工作。据记载，1933年广州港用75艘船舶熏蒸，总吨位为84 118吨。

1936年冬，香港被宣布为天花疫埠，为防止疫病传入，广州海港检疫所在广州大沙头设立广九铁路检疫站和预防接种站，对来自广九铁路上的旅客进行检疫以及预防接种。这是广东省列车陆路检疫的起点。

1940年，检疫的主权落入日本人手中，在实施检疫中采取高压政策。

1945年7月和10月，汕头和广州海港检疫所先后恢复了检疫业务。

1946年7月，广州海港检疫所开始实施航空检疫，11月国民政府省卫生处公布《广州海港检疫所飞机检疫实施办法》。1947年4月，汕头海港检疫所也开展航空检疫业务，并于1949年3月开始对航空检疫实施征费。

第五节　民国时期广东公共卫生事业机构

随着西方医学全面传入，民国时期，广东政府部门参照西方国家公共卫生机构模式陆续设置了一些现代公共卫生事业机构，并初步形成现代公共卫生事业管理体系。

明心书院（女盲童学校）旧址

一、省级公共卫生事业机构

1938—1949年，广东省卫生处先后建立一批省级公共卫生事业机构，主要有：综合医院4家，即省立第一（原称省立医院）、二、三、四医院；专科医院5家，即省立传染病医院、省妇婴保健院、救济医院、防疫医院、海南热带病防治院（其中救济医院、防疫医院于抗日战争胜利后裁撤）；医疗

门诊5所，即省立第一、二、三、四、五医疗诊所，其中第一诊所于1944年1月扩充为省第一临时医院，1945年改为省立第二医院，第三、五诊所改为省第二临时医院，1946年改为省立第三医院，第二、四诊所于1946年并入省立第一医院；妇婴实验室4间，即连县、高要、茂名、龙川妇婴实验室。此外，还设立医疗防疫队、巡回医疗队、公共卫生人员训练所、护士学校、卫生试验所和南路鼠疫防治所。

1946年省属公共卫生机构及人员状况表①

名称	成立时间	工作人员（人）	床位（张）
省立第一医院	1940年1月	74	80
省立第二医院	1943年1月（其前身第一诊所成立时间）	29	50
省立第三医院	1943年1月（其前身第三、五诊所成立时间）	29	50
省立第四医院	1945年5月	23	38
第二卫生诊疗所	1939年	4	
第四卫生诊疗所	1939年	4	
省立公共卫生人员训练所	1942年9月	26	
省立高级护士助产职业学校	1942年9月		
省立妇婴实验医院	1943年12月	9	
连县妇婴实验室	1941年	5	
高要妇婴实验室	1941年9月	5	
茂名妇婴实验室	1941年9月	5	
龙川妇婴实验室	1941年9月	5	
巡回防疫队	1939年1月	40	

---

① 广东省地方史志编纂委员会《广东省志·卫生志》，广东人民出版社2003年版，第84页。

二、县级公共卫生事业机构

1940年6月28日,广东省国民政府颁布《广东省各级卫生组织大纲实施计划》,要求每个县设卫生院、区设卫生分院,乡、镇设卫生所,保配卫生员。全省卫生院分为甲、乙、丙三等,甲等设院长1人,医师、公共卫生护士、护士各2人,卫生稽查、助产士、助产护理各3人,化验员、药剂师各1人,事务员2人;乙等设院长、医师、公共卫生护士、护士、药剂师、办事员、事务员各1人,助理护士、助产士、卫生稽查各2人;丙等设院长、医师、公共卫生护士、护士助产士、药剂员、卫生稽查、办事员、事务员各1人。不过,多数卫生院没有按此编制施行。至翌年底,全省有甲级卫生院23家,乙级卫生院20家,丙级卫生院31家。1944年,全省县卫生院发展到80家,区卫生分院99家,乡镇卫生所450所,1946年发展达到高峰,县卫生院100家,区卫生分院105家,乡镇卫生所348所;县卫生院病床1 077张,县卫生院卫生人员744人。此后,县各级的卫生机构逐渐减少。

1946年县级卫生事业机构状况表①

名　称	成立年月	人数（人）	床位（张）	卫生分院数（家）	卫生所数（间）
合计		744	1077	88	416
番禺县卫生院	1946年1月	27	101	1	
中山县卫生所	1946年1月	16			
南海县卫生院					
顺德县卫生院	1946年3月				
东莞县卫生院	1941年3月	20		2	
从化县卫生院	1941年7月	8			
龙门县卫生院	1940年10月	5	6	1	9
台山县卫生院	1940年10月	17		8	
增城县卫生院	1940年8月			1	

---

① 广东省地方史志编纂委员会《广东省志·卫生志》,广东人民出版社2003年版,第86页。

续表

名　称	成立年月	人数（人）	床位（张）	卫生分院数（家）	卫生所数（间）
新会县卫生院	1941年11月				
三水县卫生院	1941年3月	10	16		
清远县卫生院	1941年1月	10	15	3	12
宝安县卫生院	1940年8月	12			
花　县卫生院	1946年10月	5			
佛冈县卫生院			4		
赤溪县卫生院			5		
高要县卫生院	1940年11月	16	72	1	
四会县卫生院	1941年1月	8	2	1	
新兴县卫生院	1940年11月	7	8		10
高明县卫生院	1940年11月	4	3		4
广宁县卫生院	1940年12月	10	25		
开平县卫生院	1938年9月	7	10	1	5
鹤山县卫生院	1941年8月	6			
德庆县卫生院	1940年9月	4	1		2
封川县卫生院	1940年12月	11	40		
开建县卫生院	1940年12月				11
恩平县卫生院	1940年11月	9	15	1	2
罗定县卫生院	1941年1月	7			
云浮县卫生院	1940年9月	5	29		
郁南县卫生院	1940年12月	11	24		1
曲江县卫生院	1940年8月	23	5	3	4
南雄县卫生院	1940年9月	16	20		12
始兴县卫生院	1940年9月	7			

续表

名　　称	成立年月	人数（人）	床位（张）	卫生分院数（家）	卫生所数（间）
乐昌县卫生院	1940年12月	9			4
仁化县卫生院	1941年1月	4	2	1	4
乳源县卫生院					1
英德县卫生院	1944年8月	25	24	1	
翁源县卫生院	1941年8月	8	25	2	3
连　县卫生院	1940年9月	14	70	2	4
阳山县卫生院	1941年1月	7	16	3	20
连山县卫生院	1941年8月	3			
澄海县卫生院	1940年9月				
惠阳县卫生院	1941年1月	13			
博罗县卫生院	1940年11月	8			
新丰县卫生院	1940年11月	3	20		
紫金县卫生院	1940年8月	8	5		
海丰县卫生院	1940年9月	10			
陆丰县卫生院	1942年2月	6			
龙川县卫生院	1940年7月	26	42	4	42
河源县卫生院	1940年8月	7			
和平县卫生院	1940年8月	6	11		4
连平县卫生院	1940年8月	7	10	2	3
潮安县卫生院	1941年1月	10	41	1	
丰顺县卫生院	1940年9月	7		2	23
潮阳县卫生院	1941年1月	10	41	1	
揭阳县卫生院	1940年11月	10	7	5	42
饶平县卫生院	1940年9月	8	16	4	19

续表

名　　称	成立年月	人数（人）	床位（张）	卫生分院数（家）	卫生所数（间）
惠来县卫生院	1940年9月		20	4	
大埔县卫生院	1941年1月	7	3	1	12
普宁县卫生院	1941年1月	10		3	30
南澳县卫生院	1945年12月	6	2		
梅　县卫生院	1940年9月	11	17	1	41
五华县卫生院	1941年5月	5	5	1	
兴宁县卫生院	1940年10月	22	84	5	15
平远县卫生院	1941年1月	5			3
蕉岭县卫生院	1940年8月	5	20		11
茂名县卫生院	1940年8月	16	30	5	6
电白县卫生院	1940年9月	11	11	2	5
信宜县卫生院	1940年10月			4	27
化　县卫生院	1940年11月	11	16		
吴川县卫生院	1941年1月	5			
廉江县卫生院	1940年11月	8		1	
海康县卫生院	1941年1月	7	5		
遂溪县卫生院	1940年8月				
徐闻县卫生院	1940年8月	25	96	5	5
阳江县卫生院	1940年8月				16
阳春县卫生院	1940年10月				
琼山县卫生院	1945年12月	24			
澄迈县卫生院	1946年				
安定县卫生院	1946年				
文昌县卫生院	1946年				

续表

名　称	成立年月	人数（人）	床位（张）	卫生分院数（家）	卫生所数（间）
琼东县卫生院	1946年				
乐会县卫生院	1946年				
临高县卫生院	1946年	10	5		
儋　县卫生院	1946年				
崖　县卫生院	1946年				
万宁县卫生院	1946年				
陵水县卫生院	1946年				
感恩县卫生院	1946年				
昌江县卫生院	1946年				
乐东县卫生院	1946年				
保亭县卫生院	1946年				
白沙县卫生院	1946年				
钦　县卫生院	1941年4月	13	8		3
防城县卫生院	1941年4月				
合浦县卫生院	1941年2月	11	30	1	
灵山县卫生院	1940年8月	12	32	3	1
南山局卫生院	1944年	4	2		
梅菉局卫生院	1941年12月	8	10		
连南县卫生院	1946年5月	5			

在广州的各种社会公共卫生机构，包括诊治、收容管理性质的机构，有种牛痘所、精神病医院、麻风病医院、盲童学校及其他机构，在前面的各章节中已有叙述。

第四章
建于广东的
医学卫生团体与卫生管理机构

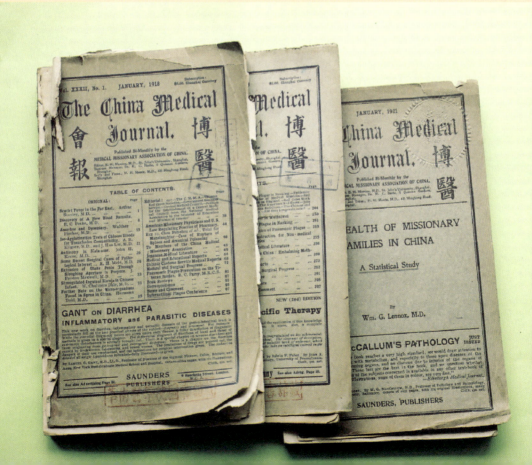

　　随着近代西方医学传入广东，西医学术与从业者团体首先在南粤大地出现，中国最早的现代医疗卫生管理机构也最先在广东建立起来。这标志着属于西方现代科学文明与制度文明一部分的医学科学文化与医学医事制度体制，先发端于岭南，再传播至全国。

第一节　医学卫生团体

外国医学传教士首先在广州建立西医学术与从业者团体，后来，中国人也开始在国内创立了自己的西医学术与从业者团体。这些团体除具有自身的学术功能与传播医学功能外，还有自我管理功能。在近代西方医学传入初期，中国尚没有现代医务医事管理机构的情况下，这些团体就成为当时中国的现代医务医事管理机构，有的甚至在中国是首创，西方医学的管理制度与机制也随之引进中国。

一、中国医药传道会

鸦片战争爆发前，郭雷枢、伯驾和裨治文等外国来华的传教士医师酝酿建立一个正式组织进行传教。1836年10月，郭雷枢、伯驾和裨治文联合发表一份倡议书，呼吁成立中国医药传道会。倡议书首先对成立这个组织的因由作了概括："我们怀着特殊的兴趣看到，在中国人当中开展医疗服务活动，可能产生良好的影响，特别是（这种活动）有助于促使中国人与外国人进行积极和友好的交往，有助于传播欧洲和美国的文化和科学，最终将有助于传入救世主的福音，以取代现在统治着他们心灵的令人悲悯的迷信"，因此决定创立一个名为"中国医药传道会"的组织。

1838年2月21日，广州作为当时中国唯一开放口岸，广州外商总商会（General Chamber of Commence）举行中国医药传道会成立大会。组织成立的宗旨是通过为中国人治病，向他们传授医学知识和上帝的福音，使他们消除长期存在的偏见和民族排斥情绪，使他们认识到他们所仇视的人有能力并且愿意帮助他们摆脱苦难。同时，中国第一个医疗卫生团体——中国医药传道会正式创建（1886年后被博医会所取代），郭雷枢为会长，伯驾、渣甸和裨治文等为副会长，下设记录、秘书、司库、司数等委员，另设终身董事、永久会员等名誉称号。该会成为早期教会医院运营、集资和引进人才的一个独立机关，对实施医疗、组织传教发挥了重要作用。该会提出设立目的即"本以基督仁慈之爱心，藉医疗疾病对中国人民宣传福音"。该会呼吁各国传道

会差派医生来华支持该会开设医院的工作。该会还在英国的伦敦、爱丁堡和美国的波士顿、纽约、费城等地设立代理处，向英美各界人士一再陈述向中国派遣医药传教士的重要性。在东印度公司医生郭雷枢的倡导下，经过裨治文、伯驾等人的努力，英美在华的商人纷纷捐款响应。

从1838年到1850年这十余年间，经粤入华并曾隶属于中国医药传道会的传教医生达十余人。这些传教士医生在广州、澳门、香港、舟山、厦门、福州、宁波和上海开办由中国医药传道会资助的医院。

二、中国博医会

鸦片战争后中国门户大开，西医发展的重心由广州渐移至上海、北京等地，这也体现在医学专业团体的建设上。1886年在华欧美医学传教士于上海创立中国医学传教士联合会（The China Medical Missionary Association），正式中文名称为"中国博医会"。然而，在中国近代初期，广州的博济医院在西医传入中国的过程中仍有举足轻重的影响，主管博济医院的嘉约翰被选为中国博医会主席，广州分会主席为莱尔。

三、中华医学会广东支会

1916年在广州筹备成立中华医学会广东支会，并于1917年1月在中华医学会第二次会员代表大会期间正式成立，为中国国内最早成立的中华医学会分会之一，是中华医学会国内第一个地方支会，也是广东历史最悠久的自然科学学会之一。第一任会长由伍豪担任。1924年2月11日，中华医学会第五次大会上，中华医学会广东支会改名为中华医学会广州支会。

第二节　卫生管理机构

随着西方医学传入广东，南粤大地领风气之先，近现代医疗医事和医学教育的管理机构也在这里建立起来。例如1921年，广州市设立市卫生局，为中国最早设立的市卫生局，首任局长是留美医学公共卫生博士胡宣明。卫生局全面管理全市卫生行政事宜，建立相关管理制度，并配备相关专业人员和经费，开始对广州实施公共卫生管理。

一、省级卫生行政机构

1906年，广东巡警总局设立卫生科，负责管理清洁、传染病预防和公私立医院检查等工作。

1912年，广东都督府设有卫生司。同年，撤销卫生司，在广东警察厅内设立卫生科，掌理全省卫生行政事宜。

1937年7月，在第五届广东省政府机构职能设置中规定，卫生行政事项由省民政厅掌理。

1937年12月，省政府卫生处成立，直隶于省政府。

二、市级卫生行政机构及卫生区署

1921年2月，广州市卫生局成立，此为广东最早建立的市级独立卫生行政机构，设置了教育课、洁净课、防疫课和统计课，掌理该市卫生行政事宜。在省卫生处成立前，全省医生牌照发放及药品审核等事项，亦由该局代办。

1930年，汕头市政府成立卫生科。

1946年，湛江市卫生局成立。

三、县与区乡镇卫生行政机构

1925年，广东省政府对县政府机构职能设置中规定，县公共卫生事宜由县警察局管理，1926年又改由县公安局管理。

1937年10月，省政府通饬各县政府组织县及乡镇卫生事务所，掌理卫生行政事宜。1939年，鉴于战时卫生的重要性，又计划推行公医制度，并修正调整县卫生机构暂行办法及县卫生事务所暂行组织规程，到当年年底，各县卫生事务所多已设置，区乡镇则阙如。

黄雯，曾任广东卫生处处长，兼任广州市卫生局局长

第五章
首建于广东的近代中国西药企业

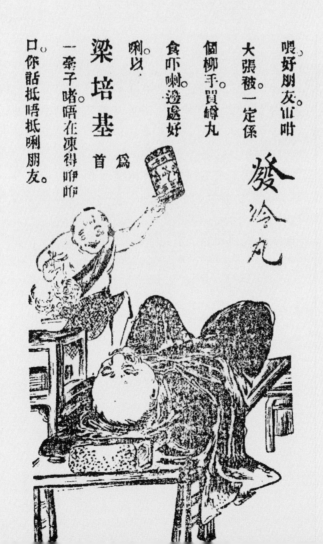

第一节　近现代广东西药企业之兴衰

　　随着近代西方医学传入岭南,外国人创设的西药店等西医企业也随之出现在当地。1840年鸦片战争后,外国人士开设的药企渐盛,刺激了广东的化学药制剂工业于19世纪末20世纪初开始勃兴。英商在广州沙面开设屈臣氏药房,除出售西药外,还制售西成药及化学降暑饮料,以"龙麟伴塔"商标,行销中国各地。1882年6位中国西医师集资,在广州仁济西路怡和街开设了第一间华资西药房——泰安药房,并在油栏门、双门底和十七甫路开设3间支店。在油栏门支店挂出华人首创泰安大药房招牌,与屈臣氏药房相抗衡,并取得了生产和经营的优势。泰安大药房先后由美洲华侨罗开泰及其子罗香轮主管。

　　西药制剂服用和携带方便,疗效快,逐渐为当地人所喜用,生产经营利润较好,因而设店开厂者不断增加。1890年广安西药房开业;1900年利济轩药厂开业;1902年梁培基药厂开业;1906年必得胜药房开业;1912年唐拾义药厂开业;1917年和平制药公司开业;1921年灵芝药厂开业;1929年黄宝善、二天堂药厂开业。后来,又有陈六奇、雷天一、万灵、郑安之、苏南山、何家庵、普济与何济公等一批厂社相继开业。至1938年,广东省生产化学药制剂的厂商达30多家,全部集中于广州,形成了一个化学药品制剂工业的庞大行业。

　　抗战爆发,原本生机勃勃的广东化学药品制剂工业遭受沉重打击。

第二节　广东早期的西药房

随着近代西方医学传入广州，西药房也在当地建立起来，先是来华外国人以外资开办西药房，继而有中国人出资开办西药房。这些西药房的建立，既是引进的西方医学科学的一部分，也是中国最早引进的西方近现代商业模式之一，适合近现代市场经济，改变了中国传统的药品供应模式与营销方式。

一、屈臣氏大药房

1828 年，来自英国的医生活特森（Alexander S. Watson）在当时中国唯一开放口岸广州创办了中国第一家专售西药的药房，最初名为广州大药房。1841 年，广州大药房南迁香港，总部设于香港中环，改称香港药房（HongKong Dispensary）。1860 年代始见"Watson & Co., A. S."之名，其时药房经理为贝尔（W. M. Bell）。1850 年，在广州设立分店。1871 年，为了适应公司在中国的发展，"广州大药房"根据粤语发音正式更名为"屈臣氏"，企业注册名改为"英商屈臣氏大药房"（A. S. Watson & Co, Ltd.），在国内的代理人是孟堪师甘医学博士（Kent & Mounsey）。

二、泰安大药房

1882 年，博济医院的 6 位华人医生各出资 100 两白银，委托旅美的华侨罗开泰，在广州仁济西路怡和街开设中国第一家华资西药房——泰安大药房，这是中国人开设的第一家西药房。泰安大药房在油栏门、双门底和十七甫路开设 3 间分店。在油栏门分店挂出华人首创泰安大药房招牌，与屈臣氏药房相抗衡，并取得生产和经营的优势，中国人管理的近现代企业在与外资企业的早期交锋中占优势。泰安大药房先后由美洲归侨罗开泰及其子罗香轮主管店务。

第三节　广东早期的西药厂

在近代西方医学传入中国大潮中，领风潮之先的广东，化学药品制剂工业蓬勃兴起，引领着中国药业现代化的新潮。首立潮头的是梁培基药厂。创兴于粤，引领药业近代风潮的药厂还有唐拾义药厂。这些广东早期西药厂引进了西方近现代的科学大生产方式、西方近现代企业的运营模式和西方近现代的商业经营方式，因此，也属于引进的西方医学科学的一部分。

一、梁培基药厂

1902年广州的梁培基药厂是中国人自办的第一家西药厂。

梁培基所在的年代，正值华南地区疟疾连年流行，当地人闻疟色变。广东民间称疟疾为"发冷"。梁培基运用自身的学识与才能，创制出一种治疗疟疾的药物，命名为"梁培基发冷丸"投放市场，并运用广告等现代营销手段推销，大获成功。

从1902年起，梁培基大力经营制药业。随着生产经营规模的不断扩大，十余年间，梁培基药厂已发展成为广东药业公认的翘楚，在国内有重要地位。发冷丸也远销美国和南洋等地，年销量最高达到一百万瓶。

二、唐拾义药厂

唐拾义，原名振之，1874年7月出生于广东三水县。唐拾义年轻时便

梁培基发冷丸广告

在省城的博济医院学习西医,他聪明好学,成绩优异。1912年,他在广州的下九路华林街自设医馆,善治咳喘,名渐传扬。从事医务之余,在家自制久咳丸、哮喘丸,为保密而不宣药方,不雇帮工。为进一步扩大经营,唐拾义于1919年在上海设立诊所。1924年唐拾义在当地设厂制药,1931年率先于沪、穗二厂使用机器制药。

唐拾义(1874—1939)

唐拾义药厂商标

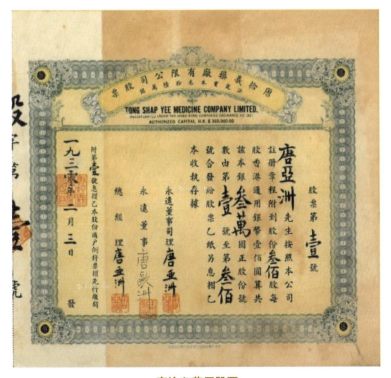

唐拾义药厂股票

参考文献

[1] 李经纬, 程之范. 中国医学百科全书——医学史 [M]. 上海：上海科学技术出版社, 1987.

[2] 朱潮. 中外医学教育史 [M]. 上海：上海医科大学出版社, 1988.

[3] 曹思彬, 林维熊, 张至. 广州近百年教育史料 [M]. 广州：广东人民出版社, 1983.

[4] 中国人民政治协商会议广东省广州市委员会文史资料研究委员会. 广州文史资料：第26、28辑 [M]. 广州：广东人民出版社, 1982.

[5] 广东省地方史志编纂委员会. 广东省志·卫生志 [M]. 广州：广东人民出版社, 2003.

[6] 广州市政协文史委员会. 广州文史资料存稿选编（10）[M]. 北京：中国文史出版社, 2008.

[7] 郑浩华. 郑豪——光华百年史料集 [M]. 广州：中山大学出版社, 2008.

[8] 甄志亚. 中国医学史 [M]. 北京：人民卫生出版社, 1991.

[9] 李志刚. 基督教早期在华传教史 [M]. 台北：台湾商务印书馆, 1985.

[10] 吴义雄. 在宗教与世俗之间——基督教新教传教士在华南沿海的早期活动研究 [M]. 广州：广东教育出版社, 2000.

[11] 黄菊艳. 近代广东教育与岭南大学（广东省档案馆图片）[M]. 北京：商务印书馆, 1995.

[12] 郝平. 无奈的结局——司徒雷登与中国 [M]. 北京：北京大学出版社, 2002.

[13] 政协北京市委员会文史资料研究委员会. 话说老协和 [M]. 北京：中国文史出版社, 1987.

[14] 陈炎. 海上丝绸之路与中外文化交流 [M]. 北京：北京大学出版社, 2002.

[15] 广州市地方志编纂委员会. 广州市志：卷19［M］. 广州：广州出版社，1996.
[16] 毛守白. 中国人体寄生虫病文献提要［M］. 北京：人民卫生出版社，1990.
[17] 赵春晨，雷雨田，何大进. 基督教与近代岭南文化［M］. 上海：上海人民出版社，2002.
[18] 李瑞明. 岭南大学［M］. 香港：岭南（大学）筹募发展委员会，1997.
[19] 黄佛颐. 广州城坊志［M］. 广州：广东人民出版社，1994.
[20] 王吉民，伍连德. 中国医史［M］. 上海：上海辞书出版社，2009.
[21] 国家教育委员会. 中国名校［M］. 北京：外文出版社，1995.
[22] 广州市文史研究馆. 珠水遗珠［M］. 广州：广州出版社，1998.
[23] 广州市荔湾区地方志编纂委员会办公室. 西关地名掌故［M］. 广州：广东省地图出版社，1997.
[24] 尚明轩. 孙中山传［M］. 北京：北京出版社，1981.
[25] 冯自由. 孙总理信奉耶教之经过［M］//冯自由回忆录：革命逸史：下. 北京：新星出版社，2009.
[26] 沈渭滨. 孙中山与辛亥革命［M］. 上海：上海人民出版社，1993.
[27] 余前春. 西方医学史［M］. 北京：人民卫生出版社，2009.
[28]《中山大学附属第一医院院史》编委会. 中山大学附属第一医院院史（1910—2010）［M］. 天津：天津古籍出版社，2010.
[29] 董少新. 形神之间——早期西洋医学入华史稿［M］. 上海：上海古籍出版社，2012.
[30] 徐恒彬. 华南考古论集［M］. 北京：科学出版社，2001.
[31] 张星烺. 欧化东渐史［M］. 北京：商务印书馆，2015.
[32] 范行准. 明季西洋传入之医学［M］. 上海：上海人民出版社，2012.
[33] 张大庆. 医学史［M］. 2版. 北京：北京大学医学出版社，2013.
[34] 梁启超. 饮冰室合集（第六册）［M］. 上海：中华书局，1936.
[35] 李鸿章. 李文忠公全集·奏稿［M］. 上海：上海古籍出版社，1996.
[36] 陈柏坚. 广州外贸两千年［M］. 广州：广州文化出版社，1989.
[37] 丘传英. 广州近代经济史［M］. 广州：广东人民出版社，1998.
[38] 范行准. 中国医学史略［M］. 北京：中医古籍出版社，1986.
[39] 薛公绰. 世界医学史概要［M］. 北京：学苑出版社，1995.
[40] 李尚仁. 帝国与现代医学［M］. 北京：中华书局，2012.
[41] 朱建平，黄健. 医学史话［M］. 北京：社会科学文献出版社，2012.

[42] 刘明翰，朱龙华，李长林．欧洲文艺复兴史：总论卷［M］．北京：人民出版社，2010．

[43] 姜守明，邵政达，陈正兰．世界尽头的发现——大航海时代的欧洲水手［M］．北京：北京大学出版社，2011．

[44] 查时杰．马礼逊与广州十三夷馆［M］．桂林：广西师范大学出版社，2010．

[45] 顾涧清．广东海上丝绸之路研究［M］．广州：广东人民出版社，2008．

[46] 洪三泰，谭元亨，戴胜德．开海——海上丝绸之路2000年［M］．广州：广东旅游出版社，2001．

[47] ［美］嘉惠霖，琼斯．博济医院百年［M］．沈正邦，译．广州：广东人民出版社，2009．

[48] ［日］石川光昭．医学史话［M］．沐绍良，译．上海：商务印书馆，1937．

[49] ［意］卡斯蒂廖尼．医学史：上［M］．程之范，主译．桂林：广西师范大学出版社，2003．

[50] ［美］罗伊·波特．剑桥医学史［M］．张大庆，等译．长春：吉林人民出版社，2000．

[51] ［英］罗伯特·玛格塔．医学的历史［M］．李城，译．太原：希望出版社，2003．

[52] ［英］克尔·瓦丁顿．欧洲医疗五百年［M］．李尚仁，译．深圳：左岸文化事业有限公司，2014．

[53] ［英］威廉·拜纳姆，海伦·拜纳姆．传奇医学——改变人类命运的医学成就［M］．本书翻译组，译．北京：人民邮电出版社，2015．

[54] ［美］凯特·凯利．科学革命和医学（1450—1700）［M］．王中立，译．上海：上海科学技术文献出版社，2015．

[55] ［美］杰克·戈德斯通．为什么是欧洲？——世界史视角下的西方崛起（1500—1850）［M］．关永强，译．杭州：浙江大学出版社，2010．

[56] ［美］美国时代生活出版公司．全球通史（15）君主威权：公元1600—1700［M］．长春：吉林文史出版社，2010．

[57] ［美］孟德卫．1500—1800——中西方的伟大相遇［M］．江文君，等译．北京：新星出版社，2007．

[58] 鲍静静．近代中国的盲人特殊教育——以广州明心瞽目院为例［J］．广西社会科学．2007（5）．

[59] 陈国钦．夏葛医科大学与中国近代西医教育的发端［J］．教育评论，2002（6）．

[60] 刘小斌,陈沛坚. 广东近代的西医教育 [J]. 中华医史杂志, 1986, 3 (16).

[61] 鞠冉. 梁培基与"发冷丸"的故事 [J]. 首都医药, 2008 (11).

[62] 王尊旺. 嘉约翰与西医传入中国 [J]. 中华医史志, 2003 (2).

[63] 金干. 西方医学教育的传入发展及历史经验:上 [J]. 中国高等医学教育, 1992 (6).

[64] 陈雁,张在兴. 西医教育在近代中国的确立 [J]. 西北医学教育, 2008, 16 (1).

[65] 刘泽生,刘泽恩. 嘉惠霖和博济医院 [J]. 中华医史杂志, 2004, 34 (1).

[66] 刘泽生. 哈巴在广州 [J]. 广东史志, 2002 (4).

[67] 陆明. 上海近代西医教育概述 [J]. 中华医史杂志, 1991 (3).

[68] 叶农. 新教传教士与西医术的引进初探——《中国丛报》资料析 [J]. 广东史志, 2002 (3).

[69] 刘国强. 试析近代广州教会医院的特点 [J]. 广州大学学报 (社会科学版), 2003 (3).

[70] 梁碧莹. "医学传教"与近代广州西医业的兴起 [J]. 中山大学学报 (社会科学版), 1999 (5).

[71] 刘泽生. 广州南华医学堂 [J]. 广东史志 (视窗), 2008 (2).

[72] 吴枢,张慧湘. 近代广东的西医传播和西医教育 [J]. 广州医学院学报, 1996 (6).

[73] 陈雁. 近代中国西医教育的几种发展模式 [J]. 唐山师范学院学报, 2008 (3).

[74] 何达志. 名门望族:梁培基家族——妙手制药成巨富,实业救国终苍凉 [N]. 南方都市报, 2009 - 02 - 02.

[75] 林天宏. 中国西医教育先驱梁培基——愿为医学坐牢 [N]. 中国青年报, 2009 - 06 - 24.

[76] 夏葛医科大学. 夏葛医科大学三十周年纪念录 [Z]. 广州:中山文献馆, 1929.

[77] 许崇清. 私立岭南大学孙逸仙博士医学院一览 [Z]. 广州:私立岭南大学, 1938.

[78] 中山纪念博济医院九十九周年年报 (民国二十三年七月) [Z]. 广州:中山大学医学档案馆, 1992.

[79] 柔济医院. 柔济医院史略:第43卷 [Z]. 广州:广州市档案馆, 1947.

[80] 私立岭南大学附属博济医院一百周年年报 (1934—1935) [Z]. 广州:

中山大学医学档案馆，1992.

[81] 金曾澄. 中山纪念博济医院概况（民国二十三年三月）[Z]. 广州：中山大学医学档案馆，1992.

[82] Bowers, J. Z. Western Medicine in a Chinese Palace: Peking Union Medical College, 1917—1951 [M]. Philadelphia: The Josiah Macy, Jr. Foundation, 1972.

[83] Canton Hospital. Annual Report of the Canton Hospital and the South-China Medical College (for the year 1909) [M]. Canton (China): Press of China Baptist Publication Society, 1910.

[84] Canton Hospital. Annual Report of the Canton Hospital and the SouthChina Medical College (for the year 1915) [M]. Canton (China): Press of China Baptist Publication Society, 1916.

[85] Canton Hospital. Annual Report of the Canton Hospital and the SouthChina Medical College (for the year 1913) [M]. Canton (China): Press of China Baptist Publication Society, 1914.

[86] Willam W. Cadbury, Mary H. Jones. At the Point of Lancet: 100 Years of Canton Hospital (1835—1935) [M]. Shanghai: Kelly & Walsh, Limited, 1935.

[87] Chinese Medical Association. The Chinese Medical Directory (1949) [M]. Shanghai: Chinese Medical Association, 1949.

[88] Ming Sam School for the Blind [Z]. 广州：广东省档案馆，档号：92-1-430.

[89] Huard, P. Medical Education in South-east Asia (Excluding Japan) [A]. O'malley. C. D. The History of Medical Education: an International Symposium Held February 5—9, 1968. Berkeley: University of California Press, 1970.

[90] Annual Report (1905). The Medical Missionary Society in China [R]. Canton (China): China Report Publication Society, 1905.

*编者在编写本书的过程中，参阅了大量教材、文件、网站资料及有关文献，并引用了一些论述和例文。部分参考书目附录于后，但由于篇幅所限，还有一些参考书目未能一一列出，在此谨向这些作者表示谢忱和歉意。